La investigación en el aula:
Un encuentro con la superación laboral

La investigación en el aula:
Un encuentro con la superación laboral

Leal Reyes Rosa Gabriela
Navarro Leal Verónica Yudith
Navarro López Ramiro
Rodríguez Limón Rosa María
María Hilda Sámano García

Para realizar pedidos de este libro, contacte con:
Palibrio
1663 Liberty Drive
Suite 200
Bloomington, IN 47403
Gratis desde EE. UU. al 877.407.5847
Gratis desde México al 01.800.288.2243
Gratis desde España al 900.866.949
Desde otro país al +1.812.671.9757
Fax: 01.812.355.1576
ventas@palibrio.com
776168

ÍNDICE

RESULTADOS OBTENIDOS

PRESENTACIÓN

La Universidad Autónoma de Tamaulipas, en conjunto con la Secretaría de Educación Pública ha emprendido acciones de fortalecimiento del Programa de Formación Continua y Actualización Docente para maestros de Educación Básica de Tamaulipas.

Incluyendo, dichas acciones, una serie de cursos talleres de aprendizaje que se desarrollan a través de diversos espacios académicos presenciales y en línea.

En este sentido, la Universidad Autónoma de Tamaulipas, en coordinación con la Dirección de Educación Continua, a principios del 2017 propone a la Secretaria de Educación Pública un modelo que se desarrolla con el respaldo de una plataforma de software libre Moodle, que es un sistema fácil de administrar y operar, facilitando el logro del aprendizaje.

Por lo tanto, en abril de este mismo año, la Unidad Académica Multidisciplinaria de Ciencias, Educación y Humanidades perteneciente al campus victoria de la Alma Mater en Tamaulipas es convocada para participar activamente en la implementación de los cursos, específicamente destinados a maestros de recién ingreso al nivel de Educación Básica del Estado.

En respuesta, el personal docente de la UAMCEH-UAT y en particular los integrantes del Cuerpo Académico Sociedad y Transporte, propone la implementación de la capacitación en la modalidad de educación a distancia, con el fin de que los maestros-alumnos no se desplazaran a las aulas de las principales ciudades de la entidad para recibir los cursos, sino que desde su recurso tecnológico pudieran enlazarse para formalizar la enseñanza.

El curso-taller es denominado "La investigación en el aula: un encuentro con la superación laboral", segmentado en cuatro unidades y planificado para desarrollarse en el transcurso de cuatro semanas.

A través de la plataforma, diseñada especialmente para los maestros participantes, se envían al inicio de cada semana las instrucciones, acompañadas de breves videos y textos académicos localizados en internet que pudieran reforzar la comprensión del proceso que se ejercitaría. Materiales que ahora no adjuntamos, pero que pueden encontrarse en la red.

Para principios de junio los cursos inician sin mayores problemas. Un mes después y de acuerdo a la programación realizada por la Dirección de Educación Continua, concluyen con excelentes resultados y con la satisfacción de haber logrado su principal propósito: impulsar la investigación cotidiana en el aula.

En el presente documento, se exponen las instrucciones que guiaron los trabajos y una muestra representativa de ocho informes de investigación, de un total de treinta y siete, que se presentan en su redacción original, para mostrar las fortalezas y debilidades que dan pauta a la Evaluación Diagnóstica del desempeño de los maestros en cuanto a su capacidad para interpretar, redactar, seleccionar, indagar, explorar y sintetizar.

Aclarando, que tanto la ubicación, como los nombres de las Instituciones, maestros y alumnos que aparecen en los informes, se han reservado o modificado, para evitar cualquier controversia o daño moral, que pudiera suscitarse a raíz de los juicios u opiniones que expresan los diferentes actores, siendo la principal finalidad de esta muestra, exponer un ejemplo de la capacidad investigativa de los maestros de nuevo ingreso al sistema de educación.

BIENVENIDA

Breve mensaje al inicio del curso, en la página inicial de la plataforma.

Estimados Maestros, se les da la más cordial bienvenida a éste curso-taller, que aspira a ser un espacio adecuado y eficiente para ejercitar destrezas profesionales.

Este curso-taller está diseñado para generar un aprendizaje significativo durante las cuatro semanas de duración. Tiene el propósito de planificar, analizar y diseñar un proyecto de investigación-acción, teniendo en cuenta un lugar como lo es el aula.

Todo ello, aporta características que puedan plasmar un contexto consiente dentro de su entorno social ya que se vivencia la enseñanza, el aprendizaje y la evaluación sin importar ideas preconcebidas, sino la generación de conocimientos dentro de este espacio.

En la primera sesión, además de mostrar una introducción a la investigación acción, se explicarán las actividades iniciales o preparatorias. Durante la segunda sesión se tratará específicamente el trabajo de campo en los cuales se muestra un planteamiento práctico metodológico. En la tercera sesión se comentará la búsqueda de apoyos teóricos y la construcción de las conclusiones.

Y por último, en la cuarta sesión se tratará lo correspondiente al informe final, es decir el envío y publicación de su trabajo de investigación. Es importante mencionar que la investigación acción que se desarrollará en este curso - taller, es parte de un anclaje práctico que busca construir un conocimiento científico y de cierta manera estratégico pues es un aporte ideal perfeccionar su práctica laboral de manera exitosa.

INSTRUCCIONES DE TRABAJO DE LA PRIMERA SEMANA

Para estudiar esta Unidad de Aprendizaje se ha elegido estratégicamente la visualización y descarga de dos videos en el espacio de Recursos Didácticos de la Plataforma. Los cuales comprenden el aprendizaje y el estudio de "La investigación – acción" y "La investigación-acción en el aula". Estos dos elementos tienen como propósito determinar la aplicabilidad de un conjunto de estrategias constructivistas.

Así como, explicar una metodología que utiliza una investigación acción participativa, que implica un trabajo de campo caracterizado por la observación y la participación intensiva a lo largo de cada semana de estudio en este curso.

Otra alternativa complementaria de estudio en esta semana, es un diálogo colectivo abierto o Foro llamado "La investigación" en donde se retoma y comentan todos los aspectos importantes en el proceso de investigación que se va a realizar, así como todas aquellas dudas que pudiesen presentarse al momento de empezar con la investigación acción desarrollada por cada alumno.

En esta primera fase del curso se le ha denominado Planteamiento del Problema pues en ella se define la temática y sobre todo las preguntas de investigación dentro de un marco contextual en el ambiente que se estudia. Es por ello que para la realización de esta unidad de aprendizaje se identifica la comprensión de cinco apartados importantes los cuales están previamente expuestos en la plataforma como actividades de trabajo para el alumno. Cabe hacer mención que cada tema se presentan en esta primera semana con un puntaje de 20 puntos, los cuales todos ellos calificados previamente, hacen una calificación total de 100 puntos.

La identificación de esta estrategia de enseñanza está numerada de la siguiente forma en donde más adelante, se explica cómo se debe de desarrollar o implementar cada una de ellos.

1. El relato general (Marco contextual)

2. El tema (Objeto de investigación)

3. El título

4. El relato específico (Delimitación del tema)

5. Las Preguntas de Investigación

El primer apartado comprende la redacción de un relato general, es decir sobre la realidad cotidiana que se estudia. En ella se debe relatar y escribir detalladamente cómo es su grupo, el salón, la escuela, la ubicación, el grado, las edades de sus alumnos, los comentarios de sus alumnos, su propia práctica docente, el aprendizaje, los ejercicios, las opiniones de los padres y de sus compañeros sobre usted y la clase, los horarios y actividades diarias. Todo lo que sea parte de su vida en el aula y en la escuela. Logros y problemas académicos. Los colores, los sonidos de su alrededor. Los pequeños detalles, los grandes sucesos. Todo, de una manera personal y espontánea. Debe de observar y describir a partir de sus sentidos: vista, oído, olfato, tacto, gusto; desde sus sentimientos para describir emociones y afectos; desde su racionalidad para describir frutos de enseñanza, rendimiento escolar, problemáticas, etcétera

La recomendación en la realización de este primer apartado es que se escriba el relato en Word, libremente, a renglón seguido, en Arial 12. Primero puede narrar generalidades y después, tal vez pueda agregar detalles nuevos, de cualquier tipo, que vaya recordando. Si al principio tiene dificultades para redactar, pruebe con ideas breves.

Ejemplo: ...*mi grupo es pequeño. Tengo quince alumnos, ocho niñas y siete niños. La escuela está ubicada en el fraccionamiento San Carlos. Hay un grupito muy travieso de niños...*

Otra recomendación dentro de cada apartado es que escriba absolutamente todo lo que perciba, vea y recuerde sobre el tema. No se limite a las observaciones más generales. Sobre todo, escudriñe las cosas pequeñas, aquellas que a veces pasan inadvertidas para que logre y pueda elegir el objeto del estudio. Una vez realizado éste puede proceder a todo aquello que delimite su tema en un relato específico.

Para la realización de la definición del objeto de investigación y el título de la investigación que se quiere realizar, es necesario leer el relato que ha escrito y subrayar de primera intención, los puntos que más llamen su atención, por ser positivos, brillantes, negativos, deprimentes, preocupantes o por cualquier otra razón. Ya que lo haya hecho, seleccione el que más le guste, más desee tratar, y ese punto será su tema de investigación.

Ejemplo: ...*mi grupo de tercer año de primaria es muy numeroso, cuarenta niños y niñas en un salón pequeño, son desordenados como todos los grupos que he tenido, pero son buenos, saben a qué vienen a la escuela, a estudiar, a esforzarse, siempre los escucho reír y eso me gusta, creo que es bueno. Los abrazo y los siento y creo que me aprecian y yo también los aprecio. Llego siempre temprano a clase, la escuela está ubicada en la zona centro de la ciudad, una zona donde el ruido del tráfico es común todo el día. En el grupo hemos logrado en las últimas evaluaciones mejores promedios, y esos resultados nos están motivando para seguir estudiando y leyendo mucho...*

Recomendaciones: Aunque todos los puntos subrayados le parezcan interesantes (en el ejemplo se han subrayado siete puntos) seleccione solo uno para este curso.

Ejemplo: siempre los escucho reír y eso me gusta.

Y ya que lo haya seleccionado, conviértalo en un título. Ejemplo: "La sonrisa de los niños".

Para el cuarto apartado a realizar le corresponde al relato específico el cual es cuando se delimita el tema a investigar. Y se realiza de la siguiente manera: Fije su atención exclusivamente en el tema/título de su interés y escriba todo lo que sobre ese asunto en particular observe, escuche, percibe e intuye en el aula, hasta agotarlo de manera exhaustiva, siguiendo siempre el mismo procedimiento imaginativo y sensorial que se usó para elaborar el anterior relato. Después subraye los puntos que le parezcan interesantes.

Ejemplo:

"La sonrisa de los niños"

En el salón los niños se ríen de todo, de cualquier travesura o de cualquier cosa que ocurre, creo que a veces hasta de nada se ríen. Pero cuando Tomás se ríe todos lo imitan. Las niñas son más discretas, ellas ríen con los ojos, salvo Josefina que lo hace siempre a carcajadas. Clarita no se ríe muy fácilmente, pero cuando lo hace su cara se ilumina… de la que no sé casi nada es de Anita, ella casi nunca juega, ni ríe. Cuando los escucho reír, me contagian y también me río. A veces les pido, con mucha seriedad que me digan por qué lo hacen, entonces se quedan quietos, callados, ponen cara de asustados, pero sin dejar nunca de sonreír. Pienso que les gusta estar en clase y aprender.

En el quinto apartado se elabora con los puntos subrayados. Quiere decir que de esta forma se convierten en preguntas, veamos el ejemplo con el párrafo anterior.

¿Por qué cuando Tomás se ríe todos lo imitan?

¿Por qué Anita casi no juega ni ríe?

¿Por qué se ríen los niños?

¿Les gusta estar en el aula?

Para las recomendaciones siempre escriba absolutamente todo lo que perciba, vea y recuerde sobre el tema. No se limite a las observaciones más generales. Sobre todo, escudriñe las cosas pequeñas, aquellas que a veces pasan inadvertidas.

Respecto a las preguntas, no deseche ninguna de ellas aunque le parezcan ingenuas, superficiales o demasiado simples. Ahora, es común que a las preguntas iniciales le sigan otros cuestionamientos conforme pasen los días y esas nuevas preguntas pueden incluso ser más interesantes, por lo que deben incorporarse. Recuerde, que sea cual sea el tema seleccionado, es importante que encuentre alguna vinculación entre éste y la enseñanza, el aprendizaje, la evaluación, o con cualquier otro aspecto de la educación.

INSTRUCCIONES DE TRABAJO DE LA SEGUNDA SEMANA

Para estudiar esta segunda Unidad de Aprendizaje se ha elegido de nueva cuenta la visualización y descarga de dos videos en el espacio de Recursos Didácticos de la Plataforma. Cada uno de ellos comprende el aprendizaje denominado "Enfoque Cualitativo, Cuantitativo y Mixto" así como el estudio de "Técnicas e Instrumentos". El enfoque cuantitativo considera que el conocimiento debe ser objetivo, y que este se genera a partir de un proceso deductivo en el que, a través de la mediación numérica y el análisis estadístico, se prueban hipótesis previamente formuladas. La investigación cualitativa se basa en una hipótesis o a partir de una pregunta de investigación ya que busca explorar la complejidad de factores que rodean a un fenómeno por la variedad de perspectivas y significados que tiene para los implicados, es decir la realidad se modifica constantemente, y el investigador acude a la realidad. De esta forma se realiza a través de diferentes fuentes, tales como entrevistas, observación, documentos, imágenes, audios, entre otros. En este sentido y con una integración de estas metodologías se aborda la investigación mixta ya que considera los dos aspectos anteriores juntos.

Otra alternativa de estudio en esta segunda semana es un Foro denominado "La investigación" en donde se retoma y comentan todos los aspectos importantes en el proceso de investigación respecto al trabajo de campo que se va a realizar, así como todas aquellas dudas que pudiesen presentarse al momento de empezar con la investigación acción analizada por cada alumno.

Se le denomina a esta segunda semana Trabajo de Campo pues tiene como objetivo recopilar información para dar respuesta a las preguntas de investigación, mediante algunas actividades realizadas principalmente en la escuela y/o aula, es decir todo aquel acopio de datos que permitan dar respuesta a las preguntas de investigación. Toda esta integración de material tendrá un puntaje de 100 puntos cumpliendo con las siguientes ideas, técnicas, estrategias o acciones que pueden ser útiles como referencia, como por ejemplo las siguientes:

1. Entrevistas individuales con alumnos, maestros, directivos y padres de familia.

2. Conversaciones grupales con alumnos, maestros, directivos y padres de familia.

3. Entrevistas libres, con preguntas abiertas, con preguntas cerradas y/o a profundidad.

4. Diario de campo.

5. Cuaderno de trabajo.

6. Muestreo (tomar una parte representativa del todo)

7. Exploración piloto (explorar primero con una o dos personas)

8. Encuesta total.

9. Cuestionario/test (validados o hechos por usted) para cuyo análisis deben cuantificarse las respuestas más repetidas.

10. Estudio de caso.

11. Estadísticas, gráficas.

12. Consulta en hemerotecas.

13. Consulta en bibliotecas.

14. Consulta en archivos escolares, históricos, eclesiásticos, Registro Civil.

15. Ejercicios académicos para detectar aprendizajes, habilidades, errores, deficiencias, etcétera.

16. Día de campo en los patios de la escuela.

17. Paseo en el parque.

18. Análisis de películas.

19. Concursos artísticos.

20. Diagnósticos mediante pruebas y/o tests.

21. Exámenes temáticos.

22. Sociogramas para visualizar vínculos entre los alumnos.

23. Sociodramas para visualizar problemáticas personales, familiares y sociales.

24. Juegos para observar las formas de socialización.

25. Competencias para detectar relaciones de poder.

26. Lecturas para evaluar niveles de comprensión.

27. Experimentos para conocer las reacciones de los alumnos en diferentes circunstancias.

28. Consulta de bases de datos, como calificaciones de diferentes grados y períodos para graficar y analizar curvas diferenciales.

29. Analizar listas de asistencia.

30. Grabar en audio algunas lecturas que hacen los alumnos para que ellos mismos puedan escuchar y detectar sus logros y errores.

31. Grabación de videos para que los alumnos se observen haciendo alguna actividad académica y lo comenten en grupo.

32. Simulacro de profesiones, donde los alumnos representen lo que desean ser en el futuro.

33. Héroes favoritos.

34. El alumno como maestro enseñando a sus compañeros algún tema del programa para detectar formas en que ellos enseñan y entienden los temas.

35. Bailes para detectar su grado de motricidad, alegría, compañerismo.

36. Ejercicios matemáticos.

37. Análisis de escritura/motricidad.

38. Análisis de edad, estatura, peso, obesidad.

39. Cuentos.

40. Álbum familiar.

41. Sueños, pesadillas.

42. Canciones favoritas.

43. Dibujos.

44. Etcétera.

La lista que le mostramos son solo algunas ideas. Es muy importante que usted ponga en práctica la estrategia que considere totalmente idónea para su trabajo de campo. Esta parte de la investigación depende de su capacidad para observar, innovar e improvisar.

A la hora de escoger los métodos, técnicas e instrumentos, seleccione aquellos que encajen mejor, en forma lógica y natural, en la búsqueda directa ó indirecta de sus respuestas.

En el trabajo de campo no hay una fórmula exclusiva para trabajar, y por lo tanto, puede usted combinar las estrategias que desee, cuantitativas y/o cualitativas. Lo importante es que logre obtener respuestas válidas a sus preguntas

Por otro lado, siempre debe procurar, independientemente de las técnicas que utilice, no presionar, modificar o sesgar la vida escolar cotidiana, porque eso puede ocasionar que sus resultados resulten incorrectos, falsos o artificiosos.

Ahora, le enumeramos algunos ejemplos sencillos de rutas de investigación de campo:

Ejemplo 1. La sonrisa de los niños.

A la maestra Adriana, en el segundo año de primaria, le llamaba la atención que los niños imitaban la risa, y que mientras algunos niños reían mucho, otros no tanto. Así que decidió hacer alguna exploración sobre el asunto.

¿Por qué cuando Tomás se ríe todos lo imitan?

- *Para saber más, inicialmente generaría un ambiente divertido en el aula y anotaría en el diario de campo si se mantenía siempre la misma situación. Es decir, debía observar si a Tomás lo seguían siempre y en todo caso los demás niños. Si fuera así, después platicaría con los niños para saber la razón.*

¿Por qué Anita no se ríe?

- *Planeó observar si durante el mismo ambiente (muy divertido) Anita seguía sin reír. Si fuera así, entonces debía tener una conversación (grabada) más a fondo con ella, con sus padres y con otros maestros, y así tratar de conocer la razón de su mutismo.*

Ejemplo 2. Integración de grupo.

La maestra Rosy, en primer año de primaria observó que algunos alumnos se mostraban retraídos socialmente en el aula, así que realizaría un poco de trabajo de campo para cerciorarse si ocurría lo mismo durante el recreo.

¿Los niños retraídos tampoco socializan con sus compañeros en el recreo?

- *Observaría cómo se agrupaban sus alumnos en el recreo durante tres o cuatro días.*

- *Cada día, registraría en su diario de campo, sobre un croquis de la escuela, una serie de esquemas de quiénes, dónde y qué hacían los diferentes grupitos de alumnos y alumnas, para conocer mejor las formas de integración y desunión en su grupo.*

Ejemplo 3. Maestros Asociados.

El maestro Federico sabía de un problema en la preparatoria. Había exceso de maestros en la escuela (superávit) y muchos de ellos quedaban sin grupo, y al mismo tiempo, muchos maestros asignados a grupos, con frecuencia no asistían a sus labores (falta de clase). Entonces exploró una posible propuesta para solucionar ambos problemas.

¿Cómo resolver el superávit y al mismo tiempo la falta de clase en los grupos?

- *Planeó, que primero y en forma individual impartiría una clase con una temática específica para evaluar los resultados mediante un examen.*

- *Después impartiría en otro grupo de las mismas características la misma lección pero junto con otro maestro, voluntario, que tuviera una especialidad similar o complementaria a la suya. Posteriormente documentaría la experiencia didáctica y con todos esos datos probablemente podría argumentar un plan de acción docente para darle solución al superávit y a la falta de clases: dos maestros en un mismo grupo. Lo que implicaría revisar el reglamento legal de trabajo.*

Ejemplo 4. Tipos de familias.

La maestra Susy, en preescolar, con niños de cinco años, observó que algunos de ellos tenían dificultades para adaptarse al grupo, por lo que decidió investigar a fondo.

¿La conducta de los niños obedece al tipo de familia a que pertenecen?

- *Aplicaría un extenso cuestionario a la totalidad de los padres de familia para saber en qué tipo de familia vivía uno de sus alumnos (democrática, autoritaria, delegante…) y así recopilar datos que le permitieran saber si había alguna vinculación entre el tipo de familia y la conducta escolar, para tomar posteriormente las acciones docentes pertinentes.*

Ejemplo 5. Hiperactividad.

El maestro Esteban observó en su grupo de primaria, que dos de sus alumnos eran sumamente traviesos e inquietos. Entonces decidió buscar elementos para saber cómo resolver la situación y mejorar el ambiente grupal.

¿Las conductas de Javier y Ramón estaban en un nivel de hiperactividad normal o requerían de alguna atención especial?

- *Primero buscaría entrevistarse con el doctor y con la psicóloga del nivel para conocer más sobre los síntomas de la hiperactividad.*

- *Después, realizaría en el aula una serie de ejercicios que requieren de silencio, concentración y atención, para recopilar más datos sobre las reacciones de los dos alumnos. De ese modo, estaría mejor preparado para emprender algunas acciones de apoyo.*

Ejemplo 6. Baja autoestima.

En la primaria rural, la maestra Yolanda percibía que su grupo padecía de baja autoestima. Los niños eran demasiado pasivos y generalmente no reinaba la alegría entre ellos. ¿Podía hacer algo? Decidió que sí, que debía hacer algo al respecto. Consultó libros, programas para elevar la autoestima y así fue considerando algunas opciones: formar con sus alumnos una banda de música, un equipo de fútbol, un coro, sin embargo, cuando vió una película donde la vida "acabada" de un grupo de ancianas se transformó positivamente cuando publicaron un calendario grupal vestidas de jovencitas, pensó que era una buena idea para su grupo. En vísperas del día del niño, pidió a sus alumnos que se vistieran de superhéroes, les tomó una foto en grupo, les repartió copias hechas en la impresora escolar y colocó una foto grande en el Periódico Mural. Fue un éxito, mejoró la autoestima de sus niños y la vida escolar del grupo cambió.

Recomendaciones:

Tome en cuenta que solo tiene una semana para concluir con esta parte del curso, por lo que debe planear de preferencia una estrategia segura y rápida de indagación con lo que tenga disponible, con lo que tenga a mano. Si el tiempo no alcanza para atender todas las preguntas, puede concentrarse en aquellas que considere más relevantes, por esta ocasión.

Recuerde que "la labor en terreno" lo llevará a conocer más profundamente el caso, y debido a ello podría surgir algún asunto inesperado e interesante. Si fuese el caso, le sugerimos no perder la ocasión para abordarlo, generar nuevas preguntas y darles respuesta. En este sentido debe agudizar su capacidad de observación y poner atención en todo lo que vaya pasando frente a usted.

Ejemplo: *El maestro Pepe, un maestro de tercer año de primaria investigaba "Causas de la indisciplina de los alumnos" y acabó por realizar una investigación sobre "El significado de las malas palabras en los niños", explicando que en la mayoría de las ocasiones, para los niños "las palabras altisonantes" ó "malas palabras" tenían connotaciones no maliciosas (dato que supo al platicar, al abordar el tema con sus alumnos, sin dejar de aclarar que primero tuvo que vencer la resistencia de ellos para participar con él en un tipo de charlas con palabras malas), situación que lo llevó a estudiar más a fondo el problema de la conducta y el lenguaje y le permitió posteriormente exponer su trabajo en foros internacionales.*

Ahora bien, es importante que documente todo lo que haga. Que guarde todos los datos recopilados, en forma impresa o electrónica, en un archivo de cartón ó en la computadora.

Si hace grabaciones de audio, las transcripciones se harán tal y como se escuchan. Si son ejercicios, los explicará tal y como ocurrieron, dónde sucedieron, a qué hora, con quiénes, qué resultados se obtuvieron. Cualquier acción de campo que realice, la explicará exactamente tal y como se presentó.

De este modo, usted realizará un trabajo de campo, que le dará:

- Datos numéricos, gráficos, bases de datos, listados… (Método Cuantitativo)

- Datos narrativos, imágenes, observación... (Método Cualitativo)

En la actualidad, ambos métodos son perfectamente aceptados y utilizados por separado o en forma conjunta, combinada, complementaria y flexible.

Ejemplo: *El departamento de orientación de la Secundaria Número Uno recopiló datos de deserción de los últimos diez años con datos de la oficina de control escolar y estadísticamente (datos cuantitativos) comprobó que por año desertaba un promedio de veinte alumnos. Entonces se preguntaron: ¿Cuáles serían los veinte alumnos que desertarían al final de ese año escolar? Iniciaron una búsqueda de datos: número de materias reprobadas, inasistencias, reportes, etcétera (datos cuantitativos) de los alumnos irregulares y con esa base perfilaron los nombres de cincuenta posibles desertores. Pero al llegar a esta parte, los números ya no les decían mucho, así que iniciaron una fase de entrevistas (método cualitativo) con los cincuenta alumnos y de ese modo perfilaron la lista de los veinte candidatos a desertar ese año. Así, para esos veinte alumnos principalmente, y en forma complementaria para los otros treinta, se planearon círculos de estudio y acompañamiento, con el fin de detener la deserción escolar. Como podrá verse, aquí se complementaron los dos métodos: cuantitativo y cualitativo.*

En términos prácticos, es recomendable que haga lo más pronto posible el primer ejercicio de campo que juzgue conveniente y así pueda darse tiempo, si fuese necesario, de volver a repetirlo con las modificaciones pertinentes, reforzar ó comprobar los resultados mediante otras estrategias e incluso cambiar de procedimiento.

El requisito indispensable para que su trabajo sea considerado científico, es que el método o estrategia que siga, por más sencillo que sea, tenga un grado de rigor mínimo aceptable, es decir, que el levantamiento de datos se haga de manera clara, sistemática, comprobable y éticamente confiable. En otras palabras, que no se adopten prejuicios, fantasías o imaginaciones, como evidencias verdaderas.

Todo lo que describa por escrito sobre su trabajo de campo debe corresponder a los datos conseguidos y observados de manera cierta y objetiva.

En resumen:

Al término de esta Unidad usted contará con dos nuevos elementos:

1. Las respuestas a las preguntas.

2. El archivo de datos que respalda dichas respuestas

INSTRUCCIONES DE TRABAJO
DE LA TERCERA SEMANA

Para estudiar esta tercera Unidad de Aprendizaje se ha elegido estratégicamente la visualización y descarga del video denominado El Marco Teórico en el espacio de Recursos Didácticos de la Plataforma. El cual comprende todo aquel análisis de la literatura referente al tema de investigación. Tiene como propósito analizar y exponer aquellas teorías, enfoques teóricos, investigaciones, análisis de la literatura y antecedentes en general que se consideren válidos para la contextualización de la investigación

Otra alternativa de estudio como actividad es también el espacio de diálogo colectivo llamado "La investigación" en donde se retoma y comentan todos los aspectos importantes en el Marco Teórico que se va a integrar. Tomando en cuenta en este bloque todas aquellas dudas que pudiesen presentarse al momento de empezar con este apartado desarrollado por el alumno.

En esta presente fase del curso se le ha denominado Marco Teórico ya que tiene como objetivo, comparar y/o contrastar resultados, así como indica primordialmente la búsqueda de datos publicados sobre el tema a investigar. Para la integración de todo este bosquejo se le asignará un total de 100 puntos por el trabajo desarrollado por el alumno.

En ese sentido, para el estudio indagará sobre el estado de la cuestión que guarda su tema, es decir, buscará lo que se ha escrito sobre su tema y cómo han respondido otros investigadores a preguntas similares a las suyas.

Además, con las lecturas, podrá enriquecer su conocimiento en materia de:

- Lenguaje técnico del tema, y

- Explicaciones y derivaciones del mismo.

Puede usted buscar, principalmente en:

- Libros

- Artículos

- Textos

- Tesis de licenciatura

- Tesis de maestría

- Tesis doctorales

A través de:

- Bibliotecas

- Google, Google académico

- CONRICYT

- COPÉRNICO

- Etcétera

Los datos que considere útiles como significados, términos, explicaciones, teorías, enfoques, métodos, etcétera deberá copiarlos (junto con los datos de la fuente: título del artículo, autor, fecha) y concentrarlos en un espacio titulado: Revisión teórica.

Ejemplo:

En cuanto al tema "La sonrisa de los niños" se encontró en Google la tesis: "Los beneficios del humor en cuanto a la adecuación del espacio y la construcción de relaciones interpersonales generadas dentro de una comunidad educativa". Romina Calderón López. Escuela de Educación de parvularios, de donde se extrajeron los siguientes párrafos, que nos dan alguna información adicional sobre los beneficios de la risa:

...Por ende, esta tesis busca dar a conocer los beneficios del humor, e investigar sobre éstos en el plano educativo, sin dejar de lado la relevancia que éste tiene en los sujetos y por lo tanto _en la construcción de buenas relaciones interpersonales y de ambientes positivos que se puedan generar gracias a la inclusión del buen humor, teniendo presente que el llevarlo a cabo es una innovación en la pedagogía,_ refiriéndonos a éste "tanto a los procesos como a los cambios consolidados en las ideas, materiales y practicas (...) se trata de introducir en la realidad educativa nuevas dinámicas que alteran las ideas, concepciones, metas, roles, contenidos, metodología, organización espacial o temporal, recursos o evaluaciones." (Torre. S.1997: 46). La importancia de una metodología innovadora en la educación y de lo positivo "no debe verse sólo como una parcialidad a través del desarrollo de ciertos recursos curriculares, sino también como un "todo mayor", que entrega nuevas perspectivas tanto a la concepción del ser humano – de las niñas y de los niños y de los educadores-"(Peralta M. V. 2002: 278). Esta investigación será realizada bajo un paradigma cualitativo, la cual vinculará el argumento documental y el trabajo de campo. El primero de éstos se realizará mediante la revisión de textos y documentos, y el trabajo de campo consistirá en realizar entrevistas semi-estructuradas a informantes claves que tienen una estrecha relación con el humor en la educación, entre ellos se destaca a Jesús Damián Fernández Solís, Educador; Pepe Pelayo...

En la información teórica recopilada puede encontrar datos de interés. En la información anterior se ha subrayado una porción interesante. Ahora debe copiarla y colocarla aparte junto con los datos de la autoría.

Ejemplo:

"la construcción de buenas relaciones interpersonales y de ambientes positivos se puedan generar gracias a la inclusión del buen humor, teniendo presente que el llevarlo a cabo es una innovación en la pedagogía" (Calderón López)

Es posible que los datos que encuentre solo sirvan para darle idea de cuál es el estado de la situación teórica que guarda su tema, y no para modificar en modo alguno su propio trabajo de investigación, que será importante dar a conocer, tal y como lo realizó, para compartir con otros investigadores lo que usted está haciendo en beneficio de sus estudiantes y sirva de referencia en cualquier parte del orbe.

En ocasiones, el investigador está más interesado en los aspectos históricos del tema (Marco Histórico), en teorías y enfoques (Marco Teórico), en conceptos, definiciones e interpretaciones (Marco Conceptual), ó en reglamentos y leyes (Marco Legal).

Por ahora, se ha trabajado en una breve Revisión Teórica, para efectos del propio curso.

Ahora, podrá usted dedicar la semana a explorar la literatura y al mismo tiempo reflexionar, analizar, sobre lo encontrado en el Trabajo de Campo, para ir preparando tanto las conclusiones como las acciones o propuestas prácticas que servirán para solucionar, mejorar o perfeccionar su práctica docente.

INSTRUCCIONES DE TRABAJO
DE LA CUARTA SEMANA

Para estudiar esta cuarta Unidad de Aprendizaje se ha elegido el espacio de Recursos Didácticos de la Plataforma, la visualización y descarga del video "La Publicación". El este lugar virtual comprende toda aquella conclusión, elaboración o publicación del Informe de investigación. Así como una alternativa de estudio es el Foro llamado "La investigación" en donde se retoma y comentan todos los aspectos importantes en el informe final que se integrará a lo largo de este aprendizaje constructivista. Es por ello que este bloque considera todas aquellas dudas que pudiesen presentarse y así tener una reciprocidad entre maestro y alumno que pudiese surgir, todo ello para culminar con la investigación – acción que se ha elaborado a lo largo de este curso – taller.

Por consiguiente, para la elaboración de su Informe Final en esta cuarta semana se integrará la Conclusión, Acción Docente y algunos Comentarios Finales la cual se evaluará con un total de 100 puntos para este bloque.

La Conclusión deberá ser redactada en forma concisa y clara, enfocándola directamente en el conocimiento o convencimiento obtenido a través de la investigación de campo y la contrastación teórica.

Ejemplo:

Un ambiente de alegría en el aula propicia relaciones positivas de aprendizaje.

Asimismo, expondrá la consecuente Acción a seguir para mejorar la práctica docente:

Ejemplo:

Durante el ciclo escolar se organizarán festejos de cumpleaños en el aula, actividades recreativas con fines educativos, juegos para el aprendizaje y toda actividad que genere un ambiente de alegría y aprendizaje en el grupo.

A continuación, integrará el Informe de Investigación con el material ya obtenido y archivado, en el siguiente orden:

- Portada

- Marco Contextual (Relato general)

- Delimitación del Tema (Relato específico)

- Preguntas de Investigación

- Trabajo de Campo

- Revisión Teórica

- Conclusión

- Acción Docente

- Comentarios personales

Así, con lo anterior hemos terminado un curso que esperamos haya encontrado usted sencillo y de fácil instrumentación.

No queremos concluir este curso sin antes mencionar que cada seguimiento y objetivo logrado respalda el esfuerzo de su labor docente pues comprueba la calidad en ser siempre el formador de nuevas y futuras generaciones.

RESULTADOS OBTENIDOS

1. "AUTONOMIA Y CONFIANZA EN SI MISMO"

(PRIMERA SEMANA)

MARCO CONTEXTUAL

Mi primaria es del medio rural, está ubicada en el ejido Maclovio Herrera, sobre la carretera federal Tampico-Mante, es una escuela de organización completa, se encuentra incorporada al programa Escuelas de Tiempo Completo, por lo que nuestro horario es de 8:00 a 16:00 hrs., atiendo el único grupo de primer año, tengo 32 alumnos, de los cuales solo asisten 31, un alumno no asiste desde finales de diciembre, sin embargo el padre no ha tramitado su baja de la primaria, mis niños son inquietos, ruidosos, risueños, ocurrentes, traviesos, e inteligentes, tengo de todas personalidades dentro de mi aula, desde los más serios, meticulosos y correctos hasta los más confianzudos, extrovertidos, inquietos e irritables.

Cuando tomé el grupo me sentí en ceros, los niños no tenían respeto alguno por las normas más básicas de un salón de clases, estaban acostumbrados a salir a placer del aula, a no realizar trabajo alguno a menos que fuera de su total agrado, poco a poco, con la implementación de diferentes técnicas fui controlando el grupo sin necesidad de fuertes regaños ni amenazas, comencé con la canción de la lechuza, luego con las pinzas de la conducta, las cuales tenían tres rangos, buena, regular y mala, nadie quería estar en mala, así que se trataban de controlar más, fue difícil, ese fue mi primer gran reto, que tuve que superar a la par de uno más grande, de los 31 niños solamente una niña conocía bien el alfabeto, por lo que todos los días sin falta repasábamos el alfabeto, realizamos planas y ejercicios para desarrollar la motricidad fina, luego aprendimos las letras, prácticamente perdimos el primer bloque, no trabajamos con los libros de texto, mis niños no sabían ni escribir su nombre, cada ejercicio tenía que ser totalmente visual para que se pudieran ubicar porque tampoco sabían cómo y en qué orden son usualmente utilizados los cuadernos, a mitad del primer bimestre dos niñas me comentaban que ya no tenían hojas en su cuaderno, y efectivamente, todas estaban rayoneadas y llenas de garabatos y los trabajos en desorden total.

Afortunadamente comenzamos el segundo bimestre a abordar los principales temas del primer bimestre y el segundo, fue una jornada lenta, pero veía como poco a poco mis niños iban tomando confianza en sí mismos para realizar las cosas, al principio aparte de los trabajos que eran muy lentos de realizar tenía que lidiar con la indisciplina de dos niños, Yamil y Rene, parecía como si no pudieran estar dos minutos sin pelear, por más que movía lugares para que no quedaran juntos y a pesar de que el salón se veía pequeño para la cantidad de alumnos siempre encontraban la manera de estar uno al lado de otro peleando, era muy cansado para mí y para los demás niños enfrentar sus discusiones y resolverlas, siempre había comentarios de "otra vez Yamil y Rene", de plano no estaban bien las cosas con ellos, llegando el recreo tenía oportunidad de hablar con sus mamás sobre su comportamiento, ambas estaban de acuerdo en que la actitud de sus hijos no era la adecuada, nunca tuvieron problemas entre ellas por esa situación, además los niños eran inseparables, un día llegaron a decir que eran compadres, es decir era una situación parecida a "no puedo vivir contigo ni sin ti", esta situación continuo por algún tiempo, no muy largo, después de que la mamá de Yamil decidiera llevarlo con un psicólogo su comportamiento mejoró significativamente, quedaron atrás los momentos de rabietas y agresiones físicas a sus compañeros, mi salón de clases sinceramente se siente más tranquilo cuando el niño se ausenta por tener terapia, hubo un momento en el cual los niños ya no lo aguantaban, nadie quería jugar con él, me sentía mal porque con lágrimas en los ojos me decía que nadie quería jugar con él, que siempre estaba solo, sin embargo a pesar de hablar con los niños ellos argumentaban que no quería jugar porque él les pegaba, después de su mejoría conductual las cosas en el aula han cambiado, sigue siendo un niño caprichoso, ruidoso y fácilmente irritable, sin embargo controla más sus impulsos y está cada día siendo más responsable de su conducta.

Recientemente los niños me han mostrado que se sienten seguros de lo que hacen, me da mucho gusto cuando se acercan a decirme "maestra ¿puedo comenzar el trabajo?, ya sé cómo es", o cuando varios apenas pongo los ejercicios en el pizarrón ya me están pidiendo que los deje hacerlo solos, trato en la mayor medida de reconocer sus avances y hacérselos notar, cada que reviso sus trabajo y digo "ándale, que bonito te quedo", "mira que bien pintaste", "oye mira qué bonita te quedó la letra" o "que bien acomodaste tu trabajo", veo su sonrisa, se sienten alagados y creo que sienten que les pongo más atención que cuido de ellos, les comento que me siento muy feliz de que puedan hacer las cosas solos y como sé que hay niños que tienen un ritmo más lento o que aún se les dificultan ciertas cosas también les digo que todos vamos aprendiendo despacito, que hay que ser pacientes y no dejar de practicar lo que aprendamos, me causa mucha gracia cuando un niño dice "ya borre el pizarrón maestra" y otro contesta "Ay! Parece que no eres paciente", siempre imitan lo que digo o tratan de copiar algunos gestos que hago, hay veces que no disimulo mi risa y todos terminamos riéndonos, pero rápidamente retomo el tema que estemos abordando, siento mucha simpatía con ellos y se los demuestro, pero también me molesto por ciertas actitudes y les llamó fuertemente la atención, sin embargo cuando esto pasa me cuesta trabajo mantenerme seria pues se ponen tan serios que me dan ternura, pero me contengo pues sé que si relajo la disciplina es perjudicial para ellos, a lo largo de este tiempo y tal vez porque son mi primer grupo me he apegado mucho a ellos y siento que ellos a mí, siento que estoy haciendo las cosas bien cuando me dicen "ma", "mami", "tia", incluso me han llamado "abuela", porque son figuras de autoridad, pero también de amor para ellos, a pesar de conocer y estudiar las teorías sobre el aprendizaje, modelos de enseñanza, etc., siento que algo muy valioso es también el trato y la confianza que llegues a general en tus alumnos, por eso trato siempre de tratarlos con respeto, amor y mucha paciencia, para recibir lo mismo de ellos, me ha funcionado hasta la fecha a pesar de críticas hacia mi manera de desenvolverme dentro del grupo puesto que me han dicho que tengo a los niños muy mimados, siento que no es así, más bien me tienen confianza y sienten a la vez que soy una autoridad a la cual respetar, ellos mismos me lo expresan y se corrigen entre sí diciéndose "no hagas eso, es una falta de respeto", estoy muy orgullosa de mis niños, de lo que han progresado y de la relación que llevamos.

DELIMITACIÓN DEL TEMA.

Cuando tome el grupo mis niños no conocían un respeto hacia las normas de orden de un aula de clases, era difícil controlarlos, sin embargo con ayuda de diversas estrategias poco a poco fue más fácil controlarlos, esto, sin necesidad de fuertes regaños y amenazas, no me gusta llamarles la atención de manera muy enérgica, siento que si lo hago de esa forma fuera de sembrar disciplina siembro un miedo en ellos, me di cuenta que necesitaban apoyo moral de mi parte cuando en las primeras pruebas lloraban, se sentían presionados, iban hacia mí con lágrimas en los ojos diciéndome "maestra no puedo", o yo me acercaba a ello para saber qué pasaba, Ximena me decía "es que todos pueden y yo no" o también escuchaba de algunos decir "no lo sé hacer", lo que hice fue realizar los ejercicios de manera que pudiera ir acompañándolos sin hacer el trabajo por ellos, con los errores que cometían solo les mencionan que no pasaba nada que vamos a revisar juntos las cosas, actualmente son más independientes y ya hace las cosas por ellos mismos, me alegra ver como mis niños que van más adelantados ayudan a sus compañeros para que no se queden atrás, les ofrecen dictarles o explicarles los ejercicios, también cuando me piden que los deje hacer solos las cosas, en algunas ocasiones llegan a expresar inconformidad cuando les comento que haremos juntos la actividad pero les hago el comentario siguiente "yo sé que algunos ya pueden solos, pero otros necesitamos practicar más" con esto ellos comprenden la situación.

No son totalmente autónomos, me piden ayuda para tareas sencillas como dibujar o hacer una tabla, para contestar preguntas abiertas, etc., solamente les pido que lo intenten solos, que pueden hacerlo bien, algunas veces se van decepcionados a su lugar pues buscaban que les hiciera el trabajo, pero es raro cuando eso pasa, algunas otras cuando regresan a su banco hacen gestos de inconformidad y cierran el cuaderno en protesta de no haber recibido la ayuda esperada, cuando esto pasa hablo siempre en general y les hago el comentario siguiente "no se enojen ni se molesten si no les hago el trabajo, si yo lo hago siempre ustedes no van a aprender" y es cuando aún molestos se deciden a abrir su cuaderno y a comenzar a trabajar solos, otra situación que siento influye en su confianza en sí mismo es cuando estoy elaborando dibujos o alguna figura para el periódico mural y se acercan a decirme "maestra que bonito le está quedando" o "¿cuándo aprendió a hacer eso maestra?" aprovecho para decirles que tuve que practicar mucho, que desde pequeña fui practicando para que me salieran las cosas cada vez mejor, me contestan con cosas como "yo también voy a practicar", siento que dejo ahí esa semilla de estar siempre mejorando y de ser perseverantes, de sentirse seguros de lo que pueden lograr.

Cada pequeño avance se los hago notar y hacen gestos como si les diera vergüenza y esbozan una sonrisa que va haciéndose más grande a medida que se alejan del escritorio, o les comentan a sus compañeros que les dije que ya habían mejorado la letra o que les había quedado muy bien, siento que se sienten satisfechos con lo que hacen cuando escuchan de mí estos comentarios, en este punto siento que hemos avanzado mucho en comparación de cuando empezamos, algunos alumnos me han mostrado interés en querer leer frente al grupo algo que les pareció interesante de algún libro de la biblioteca del aula, eso para mí es muy gratificante, aunque hay algunos casos específicamente de tres niñas, Dolores, Michell y Yamileth y un niño, Gael, que hasta la fecha se me ha dificultado mucho que participen en clase, Dolores se hace "conchita" en el banco cuando le pregunto su opinión sobre algo, habla muy bajito, casi no se escucha lo que dice, y parece traer siempre la mirada baja, Michell y Yamileth son gemelas, no tienen problema para socializar pero cuando les hago una pregunta referente a la clase no contestan absolutamente nada, solo se ríen, las cuestiono sobre cómo hacen las cosas o que qué les pareció la actividad cuando me llevan a revisar los trabajos pero la reacción es la misma, solo se ríen y no me hacen comentario alguno, sé que no tienen dificultad en socializar porque me hacen comentarios sobre juegos o sobre lo que hacen sus compañeros en la recreo, sin embargo ese comportamiento me llama la atención, Gael por otro lado es un niño que cada que acaba su trabajo está jugando en su banco, no hace mucho escandalo ni molesta a sus demás compañeros, cuando le hago preguntas sobre su trabajo solo me contesta con un sí o un no, o en su defecto con una sonrisa, al principio batallaba aún más para obtener una respuesta pues al parecer solo le contestaba a su mamá, últimamente ya se expresa más conmigo y con sus compañeros pero a la hora de decir algo sobre la clase o de pasar al frente a algún ejercicio se le dificulta mucho, has empieza a sudar, desvía la mirada, lo tengo que apoyar un poco más que a los otros, aún no se siente en confianza para participar enfrente de sus compañeros, teme mucho equivocarse, cuando está cerca para revisar escucha atentamente lo que les comento a otros y si les llego a decir que revisen algo de nuevo va a su asiento y él también revisa.

PREGUNTAS DE INVESTIGACIÓN.

1. ¿Por qué no me gusta llamar la atención a mis alumnos de manera enérgica?

2. ¿Por qué siento que los regaños y amenazas en el aula generan miedo?

3. ¿Por qué los alumnos lloraban en los primeros exámenes?

4. ¿Por qué Ximena decía que los demás podían hacer las cosas y ella no?

5. ¿Por qué los alumnos se sentían más tranquilos cuando les mencionaba que revisaríamos juntos las cosas?

6. ¿Por qué algunos alumnos buscan ayudar a sus demás compañeros?

7. ¿Por qué en ocasiones les causa molestia realizar los trabajos con mi ayuda en el pizarrón?

8. ¿Los alumnos comprenden realmente la situación de sus compañeros que aún no pueden hacer las cosas solas?

9. ¿Por qué continúan pidiéndome ayuda para tareas sencillas?

10. ¿Realmente funciona hablar en general para mitigar ciertas conductas de los alumnos?

11. ¿Por qué los alumnos se muestran felices cuando les hago algún comentario positivo?

12. ¿Por qué Dolores se hace "conchita", habla muy bajito y siempre tiene la mirada baja?

13. ¿Por qué las gemelas no contestan y solo se ríen?

14. ¿Por qué a Gael se le dificulta tanto participar frente al grupo?

(SEGUNDA SEMANA)

TRABAJO DE CAMPO.

Dentro de un grupo de primer año se ha detectado que en un pequeño grupo de alumnos existe una falta de autonomía y de confianza en sí mismos, lo que limita su participación e interacción en la clase.

- ¿Por qué los alumnos lloraban en los primeros exámenes?

- ¿Por qué Ximena decía que los demás podían hacer las cosas y ella no?

- ¿Por qué los alumnos se sentían más tranquilos cuando les mencionaba que revisaríamos juntos las cosas?

- ¿Por qué algunos alumnos buscan ayudar a sus demás compañeros?

Para responder a estos cuestionamientos se realizarán entrevistas con los alumnos, una serie de pocas preguntas en un ambiente relajado, cómodo para los alumnos, así como un registro de diario de campo describiendo situaciones en las cuales los alumnos busquen la ayuda de sus compañeros.

- ¿Por qué los alumnos se muestran felices cuando les hago algún comentario positivo?

Se empleará una breve encuesta de 5 preguntas a una muestra de 10 alumnos mediante las cuales se pretende conocer el impacto de los comentarios positivos y el reconocimiento en el aspecto anímico del alumno.

- ¿Por qué Dolores se hace "conchita", habla muy bajito y siempre tiene la mirada baja?

- ¿Por qué las gemelas no contestan y solo se ríen?

- ¿Por qué a Gael se le dificulta tanto participar frente al grupo?

Realizar pláticas con los alumnos sobre su comportamiento, sobre cómo se sienten, sus preocupaciones y sus expectativas de clase, así como indagar la dinámica familiar mediante conversaciones con su mamá, y maestras de sus hermanos a fin de contrastar conductas y poder asociar comportamientos.

Resultados obtenidos

En cuanto a las preguntas realizadas a los alumnos sobre los sentimientos que les provoca realizar un examen o un ejercicio el cual no saben resolver fácilmente rescato las siguientes respuestas de los niños:

"Mi mamá me dice que si no contesto todo me va a pegar"

"Si me equivoco los niños se van a burlar de mi"

"No me gustan los exámenes porque yo me quedo atrás"

"Porque estoy burro"

Los alumnos contestaron lo anterior a la pregunta de ¿por qué lloras en los exámenes? Lo cual me da la pauta para concluir que los alumnos se sienten presionados a salir bien en un examen, muchas veces mientras reviso los exámenes me doy cuenta que los alumnos se equivocan en preguntas que fuera de la presión de estar dentro de un examen los alumnos contestan con facilidad en clases, hasta siendo voluntarios para dar ejemplos, otra presión muy importante es la que las adres de familia ejercen sobre ellos condicionándolos con premios, castigos o golpes si no cumplen sus expectativas, mismas que sinceramente sin la ayuda de la misma familia no pueden cumplir, además utilizan calificativos comunes para ellos sin embargo, para los niños tienen mucho peso, pues de verdad creen o que sus padres les dicen sobre sí mismos, estos comentaros hacen que su autonomía disminuya y aunado a esto también su confianza en sí mismo, puesto que están constantemente pensando que deben hacerlo perfectamente para poder obtener una buena calificación, lo que causa una inseguridad y presión que los hace explotar en llanto a la primera duda que les surja.

Mediante los registros de diario de campo confirme que los alumnos que más se sienten presionados en un examen son los que comúnmente dan ayuda a los que no entienden algún ejercicio, o los que voluntariamente se ofrecen para resolver algo en el pizarrón por sí solos, sus compañeros los buscan puesto que según sus palabras "si le entienden". Constantemente los alumnos buscan unos de otros porque necesitan materiales, porque sienten afinidad o porque saben que sus compañeros les pueden ayudar a resolver sus dudas. Su autonomía se ve reforzada por la confianza que sus compañeros depositan en ellos, además de mejorar su seguridad en sí mismos, ayudan a que los niños que tienen dudas también se sientan más seguros al contestar o participar puesto que han sido apoyados por compañeros a los cuales consideran muy buenos en la tarea, siendo así como el trabajo en equipo se convierte en una mejora para ambos.

Respecto a cómo se sienten los alumnos cuando hago comentarios positivos respecto a su desempeño, respuestas o trabajo estos son los resultados de las 5 preguntas realizadas:

1. ¿Te gusta cuando la maestra te dice "muy bien"?

   a) Feliz – 10 alumnos
   b) Triste – 0 alumnos
   c) No siento nada – 0 alumnos

2. ¿Cómo te sientes cuando le dice a un compañero que su trabajo está bonito y a ti no?

   a) Feliz – 0 alumnos

b) Triste – 8 alumnos
c) No siento nada – 2 alumnos

3. ¿Cuándo la maestra te felicita cómo te sientes?

a) Feliz – 10 alumnos
b) Triste – 0 alumnos
c) No siento nada – 0 alumnos

4. ¿Cómo te sientes cuando la maestra no te hace ningún comentario de tu trabajo?

a) Feliz – 0 alumnos
b) Triste – 3 alumnos
c) No siento nada – 7 alumnos

5. ¿Cuándo haces un trabajo muy bien, cómo haces los demás trabajos?

a) Igual de bien – 4 alumnos
b) Mejor – 2 alumnos
c) Como me salgan – 4 alumnos

Las preguntas se realizaron a 10 alumnos con ayuda de niños monitores que fueron los aplicadores de la encuesta.

De acuerdo con los resultados obtenidos se puede interpretar que los alumnos se sienten felices de escuchar comentarios positivos respecto a su trabajo, que es importante que se hagan esos comentarios para mejorar su estado de ánimo y ayudarles a seguir haciendo de la mejor manera sus demás trabajos.

Los buenos comentarios parecen, según sus respuestas ayudar a que se sientan más confiados y capaces de hacer las cosas mejor por sí mismos la próxima vez que lo realicen.

Cuando se investigó la actitud de ciertos alumnos se descubrió que viven en una situación constante de estrés dentro del ámbito familiar, existen familias disfuncionales, maltratos constantes, falta de atención o constante comparación con sus hermanos, además quede en un caso hay completa apatía por parte de la madre de familia hacia la situación que viven los alumnos anímica y académicamente. Todas estas situaciones se ven reflejadas en el aula, es su participación, su manera de realizar trabajos hasta en su nivel de voz, estas situaciones marcan significativamente la diferencia en el desempeño de los alumnos.

(TERCERA SEMANA)

REVISIÓN TEÓRICA.

AUTONOMÍA

Para comenzar a abordar el tema de "La autonomía y confianza en sí mismo de los alumnos" es necesario tener en claro la conceptualización que le daremos a estos términos.

A lo largo del tiempo la palabra "autonomía" dentro del marco de la educación ha sido abordada como un arma de doble filo al interpretarse erróneamente, como lo menciona Arno (1994) en su artículo "HACIA LA AUTONOMÍA EN EL APRENDIZAJE. Formulaciones conceptuales y ejemplos concretos de actividades", para lo cual hace mención de las cinco ideas más comunes y erróneas sobre esta palabra:

Al igual que cualquier otra idea poderosa, el concepto del alumno autónomo levanta fuertes hostilidades en algunos sectores. Sin embargo, muy a menudo parece ser que esta hostilidad está basada en una u otra noción falsa acerca de lo que es la autonomía y lo que entraña. Tal vez, el concepto erróneo más extendido, es aquél en que la autonomía es sinónimo de autodidactismo y autoaprendizaje, esencialmente la cuestión de decidir aprender sin un profesor.

Otra presunción errónea es que en el contexto del aula el alumno autónomo requiere que el profesor abandone toda iniciativa y control. Esta presunción se basa en la creencia de que los alumnos autónomos hacen que el profesor no sea necesario y que toda intervención por parte del profesor puede destrozar cualquier grado de autonomía que el alumno hubiese podido adquirir.

Otro concepto erróneo que surge en relación al aprendizaje en las aulas es que la autonomía es algo que los profesores aplican a sus alumnos; en otras palabras, que es una nueva metodología.

El cuarto concepto erróneo es que la autonomía es un comportamiento fácil de describir e identificar. La verdad es que el comportamiento autónomo de un alumno puede adoptar muchas formas diferentes, dependiendo de su edad, del grado de progresos hechos en sus estudios, de lo que piensa que han de ser sus necesidades de aprendizaje etc. En otras palabras, la autonomía se puede manifestar de muchas maneras diferentes.

En quinto lugar, y estrechamente relacionado con nuestro cuarto concepto erróneo, está la idea de que la autonomía es un estado uniformemente alcanzado por algunos alumnos. Esto podría ser visto como un alarde por parte del profesor proclamando que todos sus alumnos son autónomos, lo que parece colocarlos por encima de los demás estudiantes, más corrientes. El hecho es que un alumno que muestra un alto nivel de autonomía en un área determinada, puede, muy bien, no ser autónomo en otra.

Es entonces que el hecho de la autonomía de los alumnos es que vayan descubriendo sus propias habilidades, que conozcan los recursos con los que cuentan, que trabajen sobre sí mismos para descubrir su estilo de aprendizaje, lo cual les ayudará en un futuro a continuar formándose y responder me manera eficaz a las exigencias del mundo laboral.

Respecto a la conceptualización de autonomía y de acuerdo con el Diccionario de la Real Academia de la Lengua (DRAE), se asigna al término "Autonomía", el significado de "condición del individuo que de nadie depende en ciertos conceptos".

Dentro del aula es necesario el desarrollo de la autonomía de los alumnos, respaldando esto está García Pérez (2008) haciendo mención de que "fomentar la autonomía del alumno puede considerarse como un conjunto de procedimientos que tienen como objetivo final conseguir que cada alumno adquiera las habilidades cognitivas e instrumentales que le permitan realizar el mayor número de acciones sin depender de otras personas. Esto incluye la habilidad para llevar adelante procesos cognitivos que constituyan: a) identificación de demandas, b) generación de alternativas posibles, c) anticipación de consecuencias, d) elección de una alternativa, como ejercicio de "toma de decisión", e) planificación de la ejecución, f) supervisión del desarrollo de la acción, g) evaluación de los resultados y h) introducción de correcciones" en su aportación para el libro "Autonomía e iniciativa personal en educación primaria" perteneciente a la colección "Aulas de verano" del gobierno de España.

Otro motivo importante para desarrollar la autonomía y que respalda la información recopilada anteriormente es que esta autonomía está ligada estrechamente a la competencia de "aprender a aprender", así lo dice el informe de la OCDE "La definición y selección de competencias clave" (2001): es realmente con la competencia para aprender a aprender con la que se encuentra más unida la de autonomía e iniciativa personal, no sólo por compartir varias áreas de interés común, sino también por la necesidad que tienen la una de la otra para conseguir el desarrollo de ambas (carácter complementario).

CONFIANZA EN SÍ MISMO

La confianza en sí mismo de los alumnos es parte necesaria no solo d su desarrollo académico, sino que es propia de su desarrollo personal, para lo cual García Pérez (2008) menciona lo siguiente: Tomemos, en principio de manera axiomática, la existencia de dos soportes básicos del desarrollo personal: 1) La Necesidad de Seguridad (que se objetivaría con un estado emocional de calma, tranquilidad) y 2) La Percepción de Competencia (que se objetivaría como un estado cognitivo de confianza en las propias posibilidades de alcanzar los objetivos que uno se proponga). Desde un punto de vista etológico, esto es, adaptativo, todo individuo necesita, desde su primera infancia, sentirse seguro, libre de amenazas a su integridad física. Esto se observa en todas las especies del mundo animal y muy claramente en los mamíferos. En todo momento de su vida, cuando un elemento estimular del entorno, un olor, ruido, imagen, contacto físico,… resulta novedoso, el individuo reacciona con un cambio emocional que corresponde a un estado de alarma, del mismo modo que cuando percibe un estímulo del que ya conoce unas características aversivas o desagradables. En cambio, cuando el estímulo se muestra inofensivo, el individuo recupera un estado emocional de calma y tranquilidad, de modo análogo a la aparición de un estímulo del que ya conoce características agradables o deseables. ¿Cómo consigue independizarse una cría de mamífero de su madre? ¿Qué le permite abandonar la seguridad de su regazo o proximidad física? Pues un conocimiento de su entorno que le hace sentirse seguro, tranquilo, sin amenazas a su integridad física.

Es decir, que la seguridad y confianza en sí mismo está estrechamente ligada con la autonomía, con el sentido de seguridad y con sentirse capaz de poder realizar alguna tarea o enfrentar alguna situación.

(CUARTA SEMANA)

CONCLUSIÓN GENERAL.

Desarrollar y motivar la autonomía la confianza en sí mismo mejora el desempeño de los alumnos.

ACCIÓN DOCENTE.

Como docente frente a grupo es importante crear un ambiente con confianza en el aula, que los alumnos sientan que pueden opinar, preguntar y realizar sus actividades de forma libre, siempre y cuando estas opiniones y acciones no lastimen la integridad de otros alumnos, por lo cual también en necesario mejorar la relación de los alumnos, mediante acuerdos comunes y un código de conducta que ellos mismos establezcan con afán de mitigar las situaciones de burla, descalificación y/o falta de respeto que puedan llegar a presentarse, lo cual además ayudaría a que se sintieran más autónomos al saber que ellos fueron los que han establecido como debemos comportarnos dentro del aula para que el trabajo se desarrolle bien y en armonía.

Es necesario además trabajar más de cerca con los alumnos que sufren situaciones de estrés en su hogar para mejorar dentro de las posibilidades áulicas su estado de ánimo y a su vez su desempeño en el aula, se sientan más seguros, apreciados, y tengan la confianza para poder intentar solucionar diversas situaciones por sí mismos.

Llevar registros de diario, y estar en constante comunicación con los alumnos y los padres de familia es también una medida necesaria dentro del aula, para alcanzar cualquier meta que como docentes nos estemos proponiendo, aún más en este caso que se pretende estimular una parte esencial del desarrollo personal del alumno, en el cual obviamente intervenimos los adultas con los cuales el alumno tiene mayor contacto, es decir padres y maestros.

COMENTARIOS FINALES.

Como docente frente a grupo me he enfrentado a diversas situaciones que me han hecho reflexionar muchas veces sobre lo que los maestros significan para los alumnos, ahora, siendo docente en un medio rural, me doy cuenta que no solo los alumnos cuentan con nosotros, sino también la comunidad, el ser docente es un trabajo de tiempo completo, uno jamás deja de ser "la maestra", siempre encontramos el tiempo y nos sentimos con el compromiso de despejar dudas de última hora, de tranquilizar llantos, de consolar, de curar raspones, de llamar la atención para sacar de algún peligro nuestros niños, todo esto se hace parte el día a día, por esto mismo es que dentro de nosotros debe existir un espíritu de constante formación, un hambre de ser mejores y hacer cada vez un mejor trabajo para responder a esa confianza y cariño que se nos deposita, actualmente no es suficiente amar la profesión, es necesario estar mejorando, haciendo que nuestros alumnos mejoren con nosotros, dándoles las armas para responder el día de mañana a las exigencias de un mundo dinámico, cambiante y exigente siendo adultos responsables, amables, autónomos y con la confianza de aceptar retos y superar adversidades futuras, darle las herramientas y el ambiente necesario para desarrollarse de manera integral, sin huecos emocionales que minen su autoestima y competencia.

2. "AUSENTISMO DE LOS PADRES DE FAMILIA EN EL APRENDIZAJE"

(PRIMERA SEMANA)

MARCO CONTEXTUAL

Mi grupo de primer grado de primaria está conformado por 39 alumnos, de los cuales 22 son niñas y 17 niños cuyas edades oscilan entre los 6 y 7 años.

Es un grupo numeroso ubicado en un salón de 5 por 7 metros aproximadamente, el cual está debidamente ambientado con material visible que ayuda a la contribución y mejoras de los aprendizajes, se cuenta con una pequeña biblioteca integrada principalmente por cuentos acordes a su edad y nuestro libro viajero que consiste en un cuaderno el cual diariamente se turna entre los niños con la finalidad que todos contribuyan en la medida de sus posibilidades a la creación de un cuento.

Cuando recién ingrese con el grupo el 3 de abril del presente año, me pude percatar que era un grupo poco participativo, con falta de motivación y confianza en ellos mismos. En un principio pensé que era normal puesto nos estábamos conociendo y necesitan ver mi manera de trabajar, otro factor al cual yo atribuía ese desinterés del grupo fue al cambio constante de docentes que de cierta forma afecta al grupo. Con el pasar de los días he trabajado con la seguridad, la motivación y la confianza.

Mi jornada laboral inicia a las 13:30 hrs. Estando unos minutos antes en mi salón para recibir a mis alumnos, les doy la bienvenida e inicio la tarde con un juego o canción para romper el hielo, continuo con el pase de lista, regularmente trabajo con 2 materias durante la jornada, antes de cada clase realizo una retroalimentación mediante una lluvia de ideas para conocer los conocimientos previos de loa alumnos antes de abordar el tema central. Mi labor docente me gusta desarrollarla mediante actividades lúdicas que ayude al alumno a la comprensión, la motivación y sobre todo le genere el interés en el conocimiento. Es un grupo que requiere estar siempre productivo debido a la cantidad de alumnos se presta a que en poco tiempo se pierda la secuencia de trabajo.

La comunicación es un factor muy importante dentro de nuestra labor, en un inicio los padre de familia no se acercaban a preguntar sobre el avance de sus hijos, poco a poco el acercamiento se ha ido dando, como yo les comente en su debido momento este es un trabajo en equipo y la interacción entre ambas partes siempre debe de estar presente. Hoy en día cuando mis niños se retiran del salón me dan las gracias y en sus caras veo esas ganas de llegar al siguiente día a clases. Por parte de los padres de familia se han acercado para decirme que ven muy contentos a sus hijos, motivados y con ganas de asistir regularmente a la escuela, esos son los pequeños detalles que me hacen reflexionar y pensar que algo bueno tengo que estar realizando en beneficio de mis niños y que todavía me falta por seguir realizando. Por otro lado existe la preocupación por dos de mis niñas que se encuentran en rezago escolar y que lamentablemente en casa no existe el apoyo para tratar de remediar este problema.

Todo esto se desarrolla dentro de la escuela primaria "Carlos Monsiváis Aceves", la cual es una escuela que como todas empezó con demasiadas carencias, mismas que con paso del tiempo y el trabajo de directivos, docentes, padres de familia y alumnos se convirtió en un plantel que actualmente cuenta con 17 aulas climatizadas, una cancha techada donde los niños desarrollan sus actividades deportivas, servicios básicos de luz, agua e internet. La plantilla está integrada por 17 docentes frente a grupo, 3 maestros de inglés y nuestro director. El ambiente de trabajo es de respeto, colaboración e intercambio de experiencias que ayudan a enriquecer nuestra labor educativa. Me siento muy afortunada de pertenecer a este grupo de maestros que en todo momento me han reiterado su apoyo. Deseo continuar aquí por mucho tiempo y aportar mi pequeño granita de arena para la formación de futuras generaciones.

DELIMITACIÓN DEL TEMA.

Dentro de un salón de clases siempre nos vamos a encontrar con niños en zona de rezago escolar, particularmente voy a ser mención de dos de mis alumnas; Allison e Hilda.

Allison es una niña que muestra un aspecto descuidado tanto en su aseo personal como en sus útiles escolares, no cumple con las tareas, presentan problemas de aprendizaje, muestra inseguridad. En estos dos meses que estoy como responsable del grupo solo he entablado comunicación con su mami una sola vez, la señora está muy consciente de que son muchas las áreas de oportunidad en las que debemos trabajar con la niña, me hace mencionar que por cuestiones laborales no puede dedicarle el tiempo requerido en casa. Por otra parte esta Hilda una niña muy tímida, falta con frecuencia a clases y no cumple al 100% con sus tareas. En este caso no he podido tener un acercamiento con sus padres ya que no han acudido a mis llamados argumentante la falta de tiempo.

PREGUNTAS DE INVESTIGACIÓN.

1. ¿Qué es lo que impide que Allison no muestre avances en su proceso de aprendizaje?

2. ¿Por qué los padres de familia no se dan la oportunidad de involucrarse en las actividades de sus hijos?

3. ¿A qué se deben las faltas constantes de Hilda que afectan de manera directa en su proceso de aprendizaje?

4. ¿Es realmente el factor tiempo lo que impide que los padres no se involucren en los procesos de aprendizaje?

(SEGUNDA SEMANA)

TRABAJO DE CAMPO.

Soy docente del 1 grado de primaria y mi trabajo de campo está relacionado con el nulo involucramiento de los padres de familia en los procesos de aprendizaje, para ello me he planteado una serie de cuestionamientos.

Por ejemplo:

¿A qué se deben las faltas constantes de Hilda que afectan de manera directa en su proceso de aprendizaje?

Durante esta semana me di a la terea de seguir detalladamente las inasistencias de Hilda teniendo como resultado las faltas los días lunes 12 de junio y el miércoles 14 de junio, en lo que llevamos del bimestre ya son 9 las faltas registradas, datos obtenidos del registro de asistencia y el diario de campo, debido a la premura del tiempo opte por realizarle a Hilda una entrevista misma que fue grabada. En ella la niña detalla que por cuestiones de salud no asiste regularmente a la escuela, también manifiesta que su mami no trabaja y que lamentablemente no se involucra en las cuestiones escolares de la niña, no la apoya en la realización de tareas y el tiempo regularmente lo invierte en el empleo de dispositivos electrónicos (celular). Esto solo me da respuesta a otras de mis interrogantes que no es precisamente el factor tiempo lo que impide que los padres se involucren en el proceso de aprendizaje de sus hijos.

(TERCERA SEMANA)

REVISIÓN TEÓRICA.

En relación al tema "El nulo involucramiento de los padres de familia en los procesos de aprendizajes" se extrajo la siguiente información de un artículo encontrado en Google, el cual lleva por nombre ¿Cómo la familia influye en el aprendizaje y rendimiento escolar? Claudia Romagnoli y Isidora Cotese.

La investigación en relación a los resultados de aprendizaje de los estudiantes distingue tres grandes categorías de variables familiares que afectan poderosamente el éxito escolar de los niños: 1) Actitud y conductas de los padres frente al aprendizaje; 2) Recursos relacionados con el aprendizaje y clima familiar y 3) Estilos de crianza.

Niveles de compromiso y participación.

Que los padres conozcan, se interesen por lo que sus hijos viven, hacen y aprenden en la escuela es un elemento clave en su educación. En general las formas más activas de participación producen mayor éxito escolar que aquellas que son más pasivas. Las investigaciones apoyan esto, ya que la evidencia acumulada a lo largo de más de cuarenta años indica que el involucramiento familiar es uno de los factores más incidentes en el éxito escolar de los niños (Weiss, 2014). En la misma línea, el reporte de OREALC/UNESCO junto a LLECE (Treviño, Valdés, Castro, Costilla, Pardo, Donoso, Rivas, 2010), plantea que el contexto educativo del hogar es una de las variables que tiene más relación con el aprendizaje. Aquí se incluyen la participación de los padres en la escuela, y el conocimiento y opinión que tienen de ésta y de sus docentes.

Diversos estudios muestran que uno de los mejores predictores del éxito escolar y ajuste social de los niños, son las expectativas que tienen los padres sobre los logros académicos y la satisfacción con la educación de sus hijos en la escuela (Michigan Department of Education, 2001; Epstein, 2013). Que los padres consideren que la educación dará a sus hijos mejores oportunidades en la vida y posibilidades de surgir, y crean que si se lo proponen, sus hijos pueden completar la enseñanza media y seguir estudios superiores, ya sea técnicos o universitarios, es clave para que los propios niños y jóvenes deseen y se esfuercen por aprender más y obtener mejores rendimientos académicos. Esto se comprende a partir de que las expectativas se traducen en comportamientos concretos, pues altas aspiraciones llevan a los padres a promover la asistencia al colegio, y en el hogar, cumplir con el apoyo que demanda la escuela (Cardemil & Lavín, 2011).

Es fundamental que los padres confíen en las habilidades de sus hijos y crean que son capaces de aprender y tener buenos resultados académicos. Cuando la familia valora explícitamente los esfuerzos y logros de sus hijos, reconoce sus talentos especiales y les hace sentir que son capaces, los niños desarrollan una percepción positiva acerca de sus propias capacidades, desarrollándose en ellos un mayor interés por aprender y asistir a la escuela (Michigan Department of Education, 2001; Milicic, 2001). No se trata de inventar logros, sino estar atentos a lo que los niños hacen bien y mirar aquellas áreas en las cuales van progresando (Milicic, 2010). Se ha visto que no son los fracasos en sí los que atemorizan al niño y lo hacen sentirse incapaz al momento de enfrentar nuevos retos, sino que es el juicio y evaluación que hace el adulto de esa experiencia, lo que produce una creencia centrada en la derrota (Céspedes, 2013). Este punto es especialmente relevante, puesto que las investigaciones han demostrado que el sentimiento de "ser capaz" de hacer algo es tan potente en el desempeño escolar de los niños como el efecto general de las capacidades cognitivas (Adeymo, 2006).

(CUARTA SEMANA)

CONCLUSIÓN GENERAL.

El involucramiento de los padres de familias en las actividades escolares es un factor indispensable que deriva en el éxito de los aprendizajes esperados en los alumnos.

ACCIÓN DOCENTE.

Generar ambientes de aprendizajes adecuados para que el alumno interactúe con sus compañeros, creando así situaciones propicias para adquirir una enseñanza especifica.

Emplear materiales dinámicos para captar la atención de los alumnos.

COMENTARIOS FINALES.

No coloca comentarios finales

3. "AUSENTISMO DE LOS NIÑOS"

(PRIMERA SEMANA)

MARCO CONTEXTUAL

Mi grupo de 3 año de primaria es un grupo muy numeroso, cuenta con 40 niños y niñas, para ser más específico son 25 niños y 15 niñas, ellos cuentan con edades entre 8 y 9 años, ellos se encuentran en un salón pequeño para la cantidad de niños que se cuenta en el grado, pero aun así es un grupo trabajador y participativo, la escuela se encuentra situada en un lugar muy cercano al centro de la ciudad, donde el ruido de los automóviles y de la gente es muy común.

El grupo es muy indisciplinado además de que faltan muy constantemente, pero son unos niños muy inteligentes y audaces, es decir saben a lo que vienen a la escuela, la primaria se encuentra integrada a escuelas de tiempo completo, por la mañana se ven las materias de español y matemáticas todos los días 8:00 a 10:30 A.M., 10:30 a 11:00 A.M. es el recreo, de 11.00 A.M. a 13: 00 P.M. Se ven las materias de C. Naturales, Entidad donde vivo, Formación Cívica y Ética distribuida de lunes a viernes en ese horario, de 13:00 a 14:00 horas. Les imparten la clase de inglés, de 14:00 a 14:20 es el horario de comida y 14:20 a 15:50 se aborda la materia de artística y de educación física y material de tiempo completo, aunque a veces no se puede abordar lo programado y se tiene que continuar otro día, porque los niños no terminaron a tiempo algunos trabajos, no guardaron el orden, no asistieron a clases, o simplemente me cuesta trabajo lograr la atención de ellos, ya que varias veces en el día tengo que estar llamando la atención porque se distraen con mucha facilidad, no siguen instrucciones, platican demasiado o se paran constantemente, en ocasiones tengo que suspender la actividad y continuar con otra, además, se distribuyó los horarios de esta manera para que el alumno aprovechara en la mañana el mayor tiempo posible y se lograra captar la mayor atención, pero a veces no se puede lograr que se cumpla con lo programado y se tiene que retomar temas anteriores o de nuevo abordar temas ya vistos por esos problemas de indisciplina y ausentismo.

A pasado que sus faltas son desde la ausencia de uno hasta 18 alumnos en un solo día, por distintas razones, yo les pregunto el porqué de la ausencia y me dan una serie de explicaciones desde que se encuentran enfermos hasta que no cuentan con el dinero para enviarlos a clases, se ha citado a los padres de familia para dialogar sobre el problema que presenta el grupo en general y también se ha citado personalmente, se les hace un espacio para platicar sobre temas relacionados a los problemas que presenta su hijo o algún tema que se quiera tratar en especial, el padre en ocasiones no se presenta a la cita, lo que todo esto nos ocasiona a largo plazo un problema rezago escolar en esos alumnos y por lo tanto perjudica también en su conducta, porque llegan desorientados, inquietos, distraídos y muy platicadores al aula.

A los padres se les ha invitado a platicas de orientación para apoyo del alumno en cuestión de problemas de conducta, a lo cual la mayoría no asiste, me topo con otro factor muy importante que también influye y perjudica, el cual en repetidas ocasiones los hace faltar recurrentemente es el factor (trabajo), la mayoría de los padres de familia se dedican al comercio, ya que la escuela se encuentra muy cerca de dos mercados principales de la ciudad y no cuentan con empleados que les permitan facilitar el trabajo, por lo tanto hacen uso de sus hijos como medio de apoyo para llevar el sustento a su familia, ahí el niño convive con gente mayor y aprenden conductas diferentes que nos perjudican en el aula.

Es muy poco el apoyo que recibimos de casa, de partes de los padres de familia relacionado a los problemas que se presenta en el aula.

DELIMITACIÓN DEL TEMA.

En el salón los niños se ausentan recurrentemente, por cualquier motivo no asisten a clases, por más mínimo que sea, Luis es un niño que cuando asiste a clases trabaja muy bien, es muy participativo y entusiasta, pero cuenta con un problema de rinitis crónica que seguido lo mantiene enfermo, Alexis es un niño que falta muy constantemente a clases por que sus abuelos no lo mandan, se la pasa seguido en la calle y tiene problemas de rezago cuando asiste es muy distraído y se para muy recurrentemente de su asiento, no sigue instrucciones y molesta constantemente a sus compañeros, también se encuentra Erick que es un niño 0que vive en una comunidad pegada al río Pánuco y es de familia de muy bajos recursos económicos y la mayoría de sus faltas son por no tener la solvencia de pagar el transporte de lacha que lo lleve a la escuela, es muy inquieto y platica demasiado en el salón, Rubén es un niño que llega tarde todos los días y siempre se la pasa molestando a sus compañeros falta a la clase en ocasiones y distrae a sus compañeros con juegos y cosas que trae de su casa, Gael es hijo de padres comerciantes es muy buen niño educado y muy participativo, pero el falta muy seguido a sus clases, el comenta que se ausenta por distintas razones desde que su hermana está enferma o él estaba indispuesto, Johan es muy inquieto no se está sentado ni dos minutos sigue la instrucción y al minuto se le olvido, falta a clases y menciona que su mamá se quedó dormida o que no quiso asistir, Sergio hijo de padres indígenas que se vinieron a la ciudad a vender artesanías que ellos mismos fabrican falta muy constantemente por que sus padres salen a vender y el cuida de sus hermanos, no trae tareas y platica mucho en clase. Estos alumnos que hago mención son los que faltan más constante a clases, pero hay niños faltan 1 o

2 días al mes y en ocasiones no justifican el motivo. Pienso que el estar 8 horas al día les permite tomarse la libertad de ausentarse.

PREGUNTAS DE INVESTIGACIÓN.

1. ¿Por qué se ausentan los niños?

2. ¿Por qué se enferma tanto Luis?

3. ¿Por qué los abuelos de Alexis no envían a clases?

4. ¿Por qué Erick acude a una escuela tan lejana?

5. ¿Por qué Rubén llega tarde todos los días?

6. ¿Por qué Gael falta tanto a clases?

7. ¿Por qué Johjan se ausenta tanto de la escuela?

(SEGUNDA SEMANA)

TRABAJO DE CAMPO.

La maestra observó y le llamo mucho la atención, que diario tenía ausentismo en el aula, desde una inasistencia hasta 18 en un solo día, entonces, decidió investigar cuales eran los factores que influían en el problema de ausentismo en clases.

¿Por qué se ausentan los niños?

Se aplicaría una conversación grupal con los padres de familia, donde expresaran, cuales motivos tendrán para que su hijo se ausentara de la escuela, o cuales razones son para ellos importantes que sus hijos no asistan al aula.

Después que me den algunas respuestas, concientizar para que valoren, cuales son las inasistencias necesarias, y hacerles ver los factores que mejorarían si asistieran regularmente a clase.

¿Por qué se enferma tanto Luis?

Se planeó una entrevista individual y de preguntas abiertas con el alumno y sus padres de familia para ver con qué frecuencia se enferma y que malestares hacen los que provocaban esas inasistencias a clases, además de indagar cual era la enfermedad y si ya era atendido por un especialista, y si el autorizaría su ausentismo a clase.

¿Por qué los abuelos de Alexis no envían a clases?

Se buscaría una entrevista de preguntas abiertas con los abuelos y padres de Alexis para tener las problemáticas personales y familiares que le afecten en la asistencia a clases.

¿Por qué Erick acude a una escuela tan lejana?

Antes que nada se planeó llevar a cabo un estudio de caso para saber qué tan lejano se encontraba su casa, se anotó en el diario de campo cuantos pasajes se gastan en una vuelta además el tiempo de traslado de casa a la escuela, se registraría en la bitácora si existe una escuela más cercana a casa se realizaría una entrevista libre donde su mamá nos explicaría en que trabaja, por qué lo envía hasta esa escuela.

¿Por qué Rubén llega tarde todos los días?

Se analizaría los retardos y las inasistencias que tiene Rubén y se citaría a algún familia para realizarle una entrevista con preguntas cerradas donde nos facilite los motivos por los cuales el niño llega tarde a clases, así saber algunos otros factores que estén influyendo en su ausentismo.

¿Por qué Gael falta tanto a clases?

Se aplicaría una conversación y entrevista de preguntas cerradas a los padres de familia explicando las inasistencias de su hijo, y lo que le afecta en sus calificaciones, porque sin duda le baja un puntaje ya que en el mes junta más de 3 faltas y pierde ese valor ya que no alcanza por las inasistencias injustificadas que presenta.

¿Por qué Johan se ausenta tanto de la escuela?

Se planeó realizar un estudio del caso donde se registraría en el diario de campo todo lo que se encontró en su entorno familiar, personal y escolar en la vida de Johan para saber el por qué no acude a clases constantemente, que le impide llegar a clases, se planeó una plática con la mamá de Johjan o alguna persona cercana al niño.

Todo este trabajo de investigación está respaldado en una bitácora de campo aquí se transcribió para una mejor presentación.

¿Por qué se ausentan los niños?

-Se platicó con los padres de familia y se mostró la gráfica de las inasistencias de sus hijos, se preguntó cuáles eran los factores los que influían en las inasistencias de sus hijos, lo cual la mayoría respondió, por enfermedad 30 %, por economía 60 % incluye que a veces no cuentan con el dinero necesario para llevarlos, y 10 % por otras razones se platicó con ellos y se les hizo saber lo importante que es asistir a clases, esta platica se llevó acabo el día miércoles 14 de junio a las 9.00 A.M. donde hubo una participación de 60 % de los padres de familia.

2.- ¿Cuáles es la enfermedad que padece Luis?

Se pudo tener una <u>entrevista con la abuelita de Luis que funge como tutora en la escuela</u>, ella es la señora Rosita quien respondió las preguntas el día jueves 15 de junio del 2017 a las 13.00 P.M.

Rinitis crónica

¿Es atendido por un especialista?

Si, el otorrino.

¿El médico avala sus faltas al aula?

<u>En ocasiones por que se complica con bronquitis, ya que el moco que se le acumula en la nariz hace que se le haga infección y se complique la enfermedad</u>.

¿Cuánto tiempo durará enfermo Luis?

En ocasiones el médico nos comentó se quita sola la enfermedad, al crecer su cuerpo crea defensas y hace más esporádica la enfermedad, pero a partir de los 12 años se le puede realizar una cirugía para tratarlo.

¿Cuántos días dura enfermo?

3 o 4 días

¿Cuáles son los síntomas que le impiden no asistir a clases?

Fluido nasal, fiebre de 39 grados.

¿Por qué los abuelos de Alexis no envían a clases?

Se invitó a la entrevista a la abuelita de Alexis que se llama María González quien acudió el día jueves 15 de junio a las 13.40 p.m., la cual acudió con pena por saber en la problemática que se encuentra y el riesgo de perder el ciclo escolar.

¿Con quién vive Alexis normalmente?

Con sus abuelos

¿Por qué?

Sus padres trabajan todo el día y se queda a cargo de los abuelos.

¿Por qué no asiste a clases regularmente?

Se queda dormido su abuelito que vende tacos por las noches, y su nieto lo apoya en traer refrescos y traer artículos para los tacos y su venta por las noches.

¿Por qué la abuelita no acude a llevarlo a clases?

El abuelito lo consiente demasiado, no permite que lo levante porque dice que esta desvelado y en ocasiones se molestan por que el niño acude así a la escuela.

¿Qué hace Alexis cuando no acude a la escuela?

Se queda en casa con sus abuelos apoyándolo en las labores diarias.

¿Por qué Erick acude a una escuela tan lejana?

Se tuvo la oportunidad de acudir a la casa de Erick el día viernes 16 de junio del 2017 a las 4.30 P.M., la cual se encuentra en el norte de Veracruz pegado al río Pánuco, y en lo cual en la visita nos encontrarnos con su mamá en camino para que nos guiara para llegar hasta su domicilio, además de conocer el camino que es de casa hacia a la escuela exactamente son 8 cuadras las que caminan para llegar a tomar un carro de ruta que les cobra 10 para que los pueda dejar cerca del paso de lancha, ahí hacen una fila como de 50 personas para abordarla, posteriormente ya que se encuentran del lado de Tamaulipas caminan 4 cuadras para llegar a la escuela aproximadamente son 40 minutos de traslado los que se tarda en llegar a la escuela, en pasajes se gasta $ 26.00 diarios lo que semanalmente seria $ 104.00

Se logró una plática con la mamá Aracely Hernández donde nos platicaba que ella trabaja en casa como empleada doméstica y que gana $ 200.00 diarios y es el sostén de la casa porque es madre soltera, a la casa donde llegamos cuenta con paredes de lámina y techo de lámina, no cuentan con agua potable directa de la tubería, acuden al llenado de tambos y contenedores que les permiten almacenar el agua que los vecinos les proporciona, si cuentan con luz que les hacen llegar por medio de la red pública, ella nos comentó que el niño acude a esa escuela, porque él estuvo en una escuela en el norte de Veracruz primero y segundo grado, lo cual el niño no logro tener ningún avance en aprendizaje y no sabía leer ni escribir y decidió incorporarlo a una escuela del sur de Tamaulipas, la cual es una de las más cercanas por que se encuentra cerca del paso de la lancha.

¿Por qué Rubén llega tarde todos los días?

Rubén llega tarde 2 veces por semana y falta 3 días en promedio por mes, se les informo cual era la situación y se les realizo una entrevista con preguntas cerradas la cual la que se presento fue abuelita María Guadalupe Herrera el día viernes 16 de junio del 2017 a las 8.30 A.M. es abuela de Rubén, la cual nos comenta que el niño <u>está a cargo del papá</u>, <u>ya que su mamá lo abandono desde muy temprana edad,</u> el señor se dedica a distintas actividades por las noches, el niño se desvela con mucha frecuencia, por lo que a veces no acude a clases, por la misma situación, también nos comenta que su madrastra no lo envía a clases por que la ayuda a vender tacos en mercado municipal, ella nos menciona que no puede llevarlo a su casa porque ella trabaja en una cafetería y no tiene quien lo traiga a la escuela.

¿A que se dedican sus padres?

A) Comerciantes B) empleados C) no trabajan xD) otro

¿A qué horas se duermen sus hijos normalmente?

A) 9:00P.M. b) 10:00 P.M. C) 11:00 x D) más tarde de las 11:00 P.M.

¿A qué horas se levantan sus hijos normalmente?

A) 6:00 A.M. B) 7:00 A.M. C) 8:00 A.M. D) después de las 8 A.M.

¿Por qué faltan sus hijos a clases?

A) Enfermedad B) trabajo de los padres xC) tienen pereza D) por otras situaciones.

¿Con quién se quedan, cuando se ausentan de clases?

A) Padres de familia en casa B) se van al trabajo de sus papas xC) con familiares D) solos

¿Por qué falta tanto Gael a clases.

Se invitó a que participara en la entrevista a la mamá de Gael la señora Graciela Rodríguez, para que respondiera el cuestionario el día 16 de junio del 2017 a las 3.00 P.M.

¿A que se dedican sus padres?

xA) Comerciantes B) empleados C) no trabajan D) otro

¿A qué horas se duermen sus hijos normalmente?

A) 9:00P.M. b) 10:00 P.M. xC) 11:00 D) más tarde de las 11:00 P.M.

¿A qué horas se levantan sus hijos normalmente?

B) 6:00 A.M. xB) 7:00 A.M. C) 8:00 A.M. D) después de las 8 A.M.

¿Por qué faltan sus hijos a clases?

A) Enfermedad xB) trabajo de los padres C) tienen pereza D) por otras situaciones.

¿Con quién se quedan, cuando se ausentan de clases?

a)Padres de familia en casa xB) se van al trabajo de sus papas C) con familiares D) solos

La mamá agrega al cuestionario que en ocasiones tiene que hacer uso de uso hijo porque no tiene a quien más recurrir para que apoye en el cuidado de su pequeña hija menor, mientras ella trabaja en su negocio, la cual es propietaria.

¿Por qué Johjan falta tanto a clases?

Se pudo investigar con su familia más cercana en este caso es su mamá, se citó a la señora el viernes 16 de junio del 2017 en punto de las 9.00 A.M., la cual la señora no asistió.

Se platicó con la señora que se encarga de recoger a Johjan a las 3.45 P.M. la cual es la encargada de recogerlo cuando asiste y es vecina de el.

Señora necesito saber por qué el niño no asiste a clases, todo lo que usted ha visto y pueda constarle, desde en que trabaja su mamá, en que trabaja su papá, con quien se queda menor cuando no asiste, todo lo más que se pueda saber de ellos.

Hay maestra siento una tristeza enorme por ese niño, pero desgraciadamente no podemos hacer nada, su mamá trabaja en una financiera de 9 A.M. a 6: 00 P.M., yo anteriormente le cuidaba el niño sin ninguna gratificación, pero llegaba muy tarde del trabajo a las 11 de la noche, mi esposo se enojaba porque yo tenía problemas con él a causa de cuidar al pequeño, el papá del niño se encuentra recluido en penal de Altamira, por lo tanto no cuida del él ni lo frecuenta, mucho menos la familia, antes se quedaba conmigo cuando no asistía a clase, pero yo no me puedo estar quedando con el todo el tiempo, platicaba con su mama para que ya no faltara, y no estaba de acuerdo en las conductas que ella tenía, pero me comentaba que se quedaban dormidos y que usted no lo dejaría entrar a clases después de las 9 :00 A.M., como no se iba a quedar dormido si se desvelan bastante, a veces van llegando de la calle a las 12 o 1 A.M. usted cree maestra, el niño come puro cereal en todo el día, yo a veces le invito de comer, pero come muy poquito, anda en la calle todo el tiempo cuando no asiste a clases, se queda solito con la ayuda de Dios, ya andamos queriendo avisar al DIF pero no nos atrevemos.

Si señora a la escuela no trae dinero, ni comida yo casi todos los días que asiste le comparto algo de mi lonche o si algún otro compañero trae le invita de corazón, yo también he citado a su mamá lo cual no asiste, cuando asiste el niño a clases, lo que hace llega tarde y lo deja en la puerta y se va rapidísimo para que no la aborde.

Agradezco su atención y disposición e información que me proporciono.

Hipótesis

EL ausentismo escolar, depende de la economía familiar.

Variable dependiente: Ausentismo escolar

(TERCERA SEMANA)

REVISIÓN TEÓRICA.

En cuanto al tema el ausentismo de los niños, se encontró en Google la revista digital para profesionales de la enseñanza "Temas para la Educación "No.9 Julio 2010 Federación de Enseñanza de CC.OO. de Andalucía ISNN1989-4023 dep. Leg.-2786-2008 Tema: El absentismo escolar en Educación Primaria Autora: Lourdes Mateo Villodres donde se extrajeron los siguientes párrafos que nos aportan el concepto y las causas.

Concepto de absentismo - ausentismo

Se interpreta el absentismo como un fenómeno complejo de carácter multicausal y multifactorial, ya que suelen concurrir circunstancias sociales, familiares económicas y culturales. Es importante el análisis de la incidencia de los distintos factores intervinientes, para interpretar adecuadamente e fenómeno en su contexto y poder aplicar las vías solución más idónea en cada caso.

Se puede definir el absentismo como la ausencia esporádica, frecuente o total no justificada, de un menor al centro educativo en edad escolar obligatoria ya sea por voluntad propia, de los padres, tutores o responsables legales, igualmente se considera absentista al menor que, en edad comprendida entre los seis y dieciséis años, no está escolarizado en ningún centro educativo (autor Lourdes Mateo Villodres p.2)

Causas

Las condiciones desfavorables de carácter familiar, económico, sociocultural y educativo son la causa más frecuente del absentismo escolar. Considerando la pluralidad de sus causas, se aconseja una intervención coordinada entre algunos agentes que participan, garantizando la comunicación en el seguimiento del caso, valorando las intervenciones y delimitando las variables. No obstante, independientemente de las causas, el absentismo debe de ser tratado, en primer lugar donde se produce: el centro educativo (autor Lourdes Mateo Villodres p.3)

A) Origen familiar: dentro de este tipo de absentismo debemos de distinguir a su vez entre:

1.- Absentismo de origen familiar activo: es un absentismo provocado por la propia familia, los niños son utilizados para contribuir a la economía familiar, para sumir roles paternos, para hacerse cargo de sus hermanos, etc.

2.-Absentismo de origen familiar pasivo: nace como consecuencia de que la preocupación y responsabilidad de la familiar hacia la asistencia a la escuela es mínima o nula, motivada por la ausencia de disciplina de los horarios escolares, lo que dificulta la asistencia regular de sus hijos al centro educativo.

3.-Absentismo de origen familiar desarraigado: surge normalmente en las familias desestructuradas, con problemas relacionales en el ámbito de la pareja, precariedad en el empleo, adicción a las drogas, etc. Lo que dificulta la atención a los menores.

4.-Absentismo de origen familia nómada: nace como consecuencia de que la familia se dedica a realizar actividades temporeras (feriantes, itinerantes, etc.) produciéndose la ausencia del/la menor sólo en periodos determinados. (Autor Lourdes Mateo Villodres p.2)

De origen escolar: este tipo de absentismo se manifiesta por un rechazo y una falta de adaptación del alumno a la escuela: se aburre, no le interesa el trabajo escolar con el/la profesora. También puede deberse a la falta de recursos de la propia institución educativa para atender las dificultades y características de algunos alumnos que requieren un tratamiento individualizado (autor Lourdes Mateo Villodres p.3)

B) De origen social: el alumno/a se deja influenciar por la dinámica absentista de sus compañeros, amigos, vecinos, por las condiciones o ambiente del barrio, por condicionamientos culturales, etc. Que no valoran la educación como soporte para el desarrollo integral de la persona (autor Lourdes Mateo Villodres p.3).

Se encontró en Google la tesis: "El ausentismo escolar en los alumnos de primaria "elaboración de: Jorge Beltrán Díaz. De donde se extrajeron los siguientes párrafos que nos dan alguna información adicional sobre el ausentismo de los niños.

A raíz del ausentismo escolar deviene un problema más grave, que es la deserción escolar, en donde los niños y las niñas definitivamente se salen de la escuela sin tener la intención o la posibilidad de regresar, encontrándose en sus prioridades principales, el ponerse a trabajar, por ser obligados por los padres o familiares donde ellos habitan. Actualmente se reconocen dos grandes marcos interpretativos sobre los factores expulsores del sistema educacional:

El primero pone énfasis en la situación económica y en el contexto familiar de los niños y jóvenes como fuentes principales de diversos hechos que pueden facilitar directa o indirectamente el retiro escolar, así como condiciones de pobreza marginalidad, adscripción laboral temprana, anomia familiar, adicciones etc... En particular se destaca el trabajo o la necesidad de este como agente desencadenante del retiro escolar, sin precisar si se produce una agresiva incompatibilidad entre la inserción laboral temprana y la asistencia y el rendimiento escolar, o si la deserción escolar es una condición previa de desempeño laboral.

La deserción escolar, es por lo tanto el resultado de un proceso en el que intervienen múltiples factores y causas, algunos de los cuales son características de los niños y jóvenes y en situaciones socio económicas (factores extraescolares) y de otros más (Espíndola, 2002 p. 100).

La mayoría de las causas tienen un factor relevante siendo este cultural, económico personal y familiar, estos factores dentro de cada marco se enfrentan a determinados circunstancias de prioridades que marcan o se establecen como un factor decisivo en el alumno como de la misma familia.

El factor cultural tiene como afluencia externa todas aquellas costumbres, tradiciones que el medio social influye en la gente de la comunidad como de la región en la que se encuentra asentada, haciendo que la gente se involucre en las actividades que se llevan a cabo, teniendo un carácter hereditario de generación en generación transmitiéndose de padres a hijos y por no tener un carácter ancestral. En la actualidad, familia y escuela constituyen instituciones sociales privilegiadas para la socialización de los niños y las niñas, aceptadas por casi todos los miembros de la sociedad, asumiéndolas como naturales y en una relación de complementariedad.

Dentro del ambiente social se encuentra el factor ecónomico, siendo este factor para que las familias dejen de enviar a sus hijos a la escuela o los retiran antes del tiempo, para obtener mayores ingresos con su trabajo, cayendose en un estrecho círculo vicioso el analfabetismo, en primer lugar conviene destacar que la condicion socieconómica de los hogares en los que residen los jovenes, caracterizadas por la situacion de pobreza absoluta, es un factor que tiene que aumentar el riesgo de desercion, sobre todo en las etapas tempranas .... Sin embarago, la condicion de pobreza no es si no un elemento de riesgo, si no mas bien un resultado una situacion derivada de la presencia de otros factores que la explican y que dan uenta de una seria de fenomenos, entre los se incluye la desercion escolar (Espindola 2002p 115).

No obstante interesa centrarnos en la educacion, por cuanto que tambien otros especialistas (Zuckerman, 1989, cap 1) plantean el ausentismo escolar como indicio de una problemática clínica, en donde el ambito valoral "salud" se cuantifica con mas de 10 faltas por cada 90 días de clase (Peiro, 2009 p.41).

El ausentismo escolar contribuye a perturbar la conducción normal del trabajo educativo, obstaculiza el avance regular del programa escolar, contribuyendo al retraso pedagógico que impide al niño que sufre ocupar el lugar que le corresponde por su edad y etapa de desarrollo, retrasando, por ende, el proceso de su aprendizaje.

Sin embargo la condición de pobreza no es sino un elemento de riesgo, sino más bien un resultado o una situación derivada de la presencia de otros factores que explican y que dan cuenta una seria de fenómenos, entre los que se incluye la deserción escolar. Destaca entre ellos, la baja educación de la madre, que se asocia con menor valoración de la educación formal y con otras situaciones de carácter crítico : la familia incompleta o mono parental ligada a mayores riesgos económicos y la incapacidad como soporte social del proceso educativo, y la inserción temprana en la actividad laboral que ha sido subrayada como el factor más estrechamente relacionada con el fracaso y con el retiro escolar, debido a su relativa incompatibilidad con las exigencias de rendimiento académico (Espindola, 2002 p. 20).

Esta investigación será realizada bajo un paradigma cualitativo, la cual se vinculará el argumento documental y el trabajo de campo. El primero de estos se realizará mediante la revisión de textos y documentos, y el trabajo de campo consistirá en entrevistas semi – estructuradas a informantes que nos aportan información de cuales son algunos motivos que los niños se ausentan de clases.

En la información teórica recopilada se pueden encontrar datos de interés, se ha subrayado una porción interesante.

Se puede definir el ausentismo como la ausencia esporádica, frecuente o total no justificada, de un menor al centro educativo en edad escolar obligatoria ya sea por voluntad propia, de los padres, tutores o responsables legales, igualmente se considera absentista al menor que, en edad comprendida entre los seis y dieciséis años, no está escolarizado en ningún centro educativo (autor Lourdes Mateo Villodres).

(CUARTA SEMANA)

CONCLUSIÓN GENERAL.

Los padres de familia y el medio económico en que se desarrollan, tienen influencia en el ausentismo de los niños en el aula.

ACCIÓN DOCENTE.

Involucrar directamente a la familia, dándole a conocer la importancia de asistir regularmente a clases, explicarles como el ausentismo escolar afecta más en la obtención de empleos y la permanencia en los mismos, así mismo los estudiantes que no concluyen una educación básica, no pueden alcanzar grandes entradas de dinero y plenamente el salario que perciben es limitado, apoyarlos a que se comprometan en la realización de metas para que asistan regularmente a la escuela y vigilar que las cumplan, además de buscar estrategias que ayuden a mejorar la asistencia en el aula, como felicitarlos en general que estén presentes, valorar sus logros académicos y personales donde les incremente su estado de ánimo.

COMENTARIOS FINALES.

La poca responsabilidad que tienen los padres de familia para con sus hijos, derivándose todos los problemas sociales de una sociedad de bajos recursos y de una baja preparación.

Darnos cuenta de que cada uno de nuestros estudiantes poseen diferentes beneficios e inquietudes y que de igual manera pretenden ajustes de manera diferente, que ellos perciben la vida a su manera, porque sus necesidades son diferentes, la posición que tomarán en la vida, está en función de que tanto conocimiento adquieran en conjunto a sus experiencias personales, sin embargo en muchos de los casos estas necesidades se les ha cortado por sus padres, quienes ven en ellos un recurso adicional y permanente que beneficia a la economía familiar, esto está con base a que los padres no cuentan con un trabajo bien reenumerado y estable.

Debe de existir la inquietud permanentemente como educativo de seguirme preparando para afrontar los cambios que se muestran, como además en el avance tecnológico que ya es parte de una educación completa.

En este caso siendo los profesores los convertidores de conocimiento, asumimos la tarea de investigar estrategias pedagógicas que utilicen de cumbre para volver lo que por mucho tiempo se maneja diariamente como un libertinaje en el aula y hacer las clases más claras y encantadoras a los educandos.

4. "PARTICIPACIÓN DE LOS PADRES DE FAMILIA EN LOS PROCESOS EDUCATIVOS"

(PRIMERA SEMANA)

MARCO CONTEXTUAL

Mi grupo de quinto grado grupo B cuenta con 21 alumnos, siendo 11 niños y 10 niñas, todos con una edad entre 10 y 11 años, es un grupo desordenado principalmente los niños, ya que cuento con 4 alumnos con problemas graves de conducta, Juan Miguel, Josué, Uriel y Jared, 1 de ellos el más grave de todos Jared, que manifiesta su falta de valores y educación a través de gritos fuertes y escandalosos, berrinches y falta de respeto a su maestra de grupo, maestra de inglés, psicóloga con la que asiste diariamente y directora, sin dar importancia a la función que realiza cada uno o nivel autoritario dentro de la institución educativa. El alumno muestra retraso en lectura y comprensión, así como también en la realización de operaciones básicas, es distraído y cuando se le llama la atención responde con gritos o golpeando la pared, lanzando libros o cualquier objeto que esta cerca, así como las butacas del salón de clases, ya ha sido suspendido por 2 ocasiones durante 3 días. Según el diagnóstico de la psicóloga el alumno carece de afecto, debido a que no vive con sus padres, está a cargo de su abuela materna quien menciona que su mamá lo descuida demasiado, solo se ven una vez a la semana y no lo apoya económicamente a diferencia de su padre que le envía dinero de vez en cuando, practica futbol siendo portero en el equipo de la escuela.

Los 4 alumnos asisten con la psicóloga para tratar sus problemas de conducta, a diferencia de Josué que también es atendido por una maestra de apoyo dos veces a la semana, perteneciente a La Unidad de Servicios de Apoyo a la Educación Regular (USAER), debido a que fue diagnosticado con Discapacidad intelectual (DI), esto agregado a su problema de conducta, es un alumno con problemas de lenguaje, tiene dificultad para leer, escribe solamente observando del pizarrón o copiando un texto del libro, no realiza dictados ya que no se sabe el abecedario correctamente, sabe realizar operaciones básicas como suma, resta y multiplicación, solo se le dificulta la división. Existió un momento en que asistía por las tardes a clases de Box, lo que agravó su conducta por que ante cualquier problema que surgía su primera reacción era una agresión física hacia sus compañeros sin importar sexo, fuera niña o niño, incluso llego a amenazar a sus compañeros si no hacían lo que él quería, así como también a todos sus maestros con el hecho de que iba a reportarlos con delincuentes o guardias como comúnmente se les llama para que nos dieran un ¡levantón! Esto disminuyó, cuando se le dio atención con la psicóloga y dejo de asistir a realizar esas prácticas, sin embargo, su rezago educativo sigue presente e impide que el alumno avance y este estancado debido a su nivel de retraso en su aprendizaje. Le gusta practicar deporte, sobre todo futbol.

Uriel es un alumno que está en quinto grado por apoyo de la directora, realmente debería estar en cuarto grado, pero dejo de asistir por un lapso de tiempo muy largo a la escuela, y actualmente presenta muchas inasistencias constantemente, se ha platicado son su mamá ya que su papa no está con ellos, tiene padrastro, pero solo se responsabiliza de su hija biológica. Es un niño muy grosero y respondón, es muy bueno para matemáticas, pero demasiado flojo y pesimista, nunca sabe que debe de realizar durante alguna actividad, se le puede explicar varias veces y regularmente no entiende, falla diariamente con tareas y trabajos en clase.

Juan Miguel, es muy chiflado, argumenta la psicóloga, pero es el único caso que cuando se le manda llamar a sus papás, estos asisten y ponen atención al problema, a diferencia de Jared, Josué y Uriel. También es muy grosero y su situación se ha agravado por que empezó a relacionarse con los mencionados anteriormente, lo que ha perjudicado su manera de actuar en el salón de clases y su desempeño diario, se ha detectado que el alumno probablemente tenga indicios de cometer bullying dentro del aula ya que constantemente pone apodos a sus compañeros, mismos que molestan e incomodan a los niños, y agrede sin causa alguna, la última falta que ha realizado conmigo es decirme la expresión ¡Cállese el hocico, si no sabe! Por lo que se le mando hablar a sus papas y fue suspendido por 1 día, esta conducta y falta de respeto no está permitida para ninguno de los alumnos, por ello se aplica una sanción, ya que si no se hace y los demás alumnos notan que todo pasa desapercibido es algo que perjudica y disminuye la autoridad que el maestro tiene ganada frente a sus demás alumnos. También presenta rezago en lectura y dificultad en la solución de la división y multiplicación, tiene una letra incomprensible y falta constantemente con tareas. Había tenido mejoría desde que es atendido por la psicóloga, pero sus compañías están influyendo en su comportamiento.

También está presente en el aula una alumna diagnosticada con DI, igual que Josué, llamada Estrella, es un caso que ha tenido una mejoría notable, puesto que no sabía leer, ni escribir mucho menos sumar y restar o realizar algún problema razonado, actualmente la alumna ya lee, y escribe presenta faltas de ortografía, pero con el hecho de que escriba ya es un logro muy significativo, sus inasistencias constantes también agravaron su situación, es atendida por la maestra de apoyo de USAER dos veces a la semana en compañía de Josué. Era una alumna demasiado seria que no participaba en clase, actualmente participa sin temor alguno y cumple regularmente con tareas y trabajos.

Mi grupo es muy bueno, sobre todo las niñas que son las que sobresalen durante la evaluación de cada bimestre, constantemente mantienen seguro su lugar en el cuadro de honor por ser las más destacadas, a diferencia de los alumnos mencionados específicamente con problemas de conducta y DI que son los que tienen menor calificación. Realmente son las que menos problemas dan a diferencia de los niños. Los alumnos se ven afectados por la presencia de los niños problemáticos, perjudican el aprendizaje de los demás hasta el grado de que las niñas quieran adoptar sus mismas conductas. El ambiente del grupo es intranquilo, debido a los problemas de conducta que presentan algunos alumnos, así como su desinterés por aprender, los niños juegan de una manera muy brusca, hasta que alguno resulta lesionado.

Los padres de familia conocen la situación de los alumnos problema, en ocasiones se han quejado de los mismos sobre su comportamiento y cómo influye en el grupo, sin embargo, la directora tiene descartado como solución a este problema la expulsión de los mismos, ya que como la escuela es de tiempo completo, si se les expulsa, se deduce que esos niños terminaran por pasar su vida en la calle sin límites ni reglas que seguir o respetar.

El centro educativo donde laboro Escuela Primaria "Juan Escutia" está ubicada dentro de un contexto urbano, al extremo oeste de la ciudad de Valle Hermoso, Tamaulipas, con domicilio en Calle Bronce y 4ª, Colonia Independencia Norte. Mediante las observaciones realizadas y análisis del grupo al inicio del ciclo escolar se logró percibir los problemas de conducta principalmente en los varones, específicamente y más notorio en 4 alumnos. Así cómo fue claro el detectar el poco interés que presentan sobre la importancia de su educación. A través de conversaciones informales con algunos alumnos, se lograron detectar ciertas consecuencias que intervienen en su proceso de aprendizaje y en sus problemas de conducta, como son el ámbito social que les rodea debido a la presencia de familias disfuncionales en algunos casos y en otros situaciones de divorcio, presencia de padrastros o madrastras, que a su vez generan la falta de interés del alumno por superarse, así como la falta de apoyo por parte de la familia y la cultura existente en los hogares. Algunos alumnos asisten a la escuela prácticamente obligados por que su familia se los indica o simplemente por cumplir con ese deber, pero no manifiestan tener algún propósito en particular que los invite a estudiar.

De acuerdo al test socioeconómico aplicado por la escuela a los padres de familia y alumnos, se concluyó que las familias de los alumnos que asisten a la escuela primaria Juan Escutia, perciben sus ingresos a través del empleo de la industria maquiladora, empleados en tiendas de la localidad y jornaleros por lo que su nivel económico es bajo y se requiere del apoyo de los programas sociales. No todos los padres se involucran 100% en el proceso educativo de los alumnos.

La infraestructura de la escuela cuenta con techado, un aula para dirección y sala de maestros, 11 aulas para los grupos, 1 aula para TIC (Tecnología de la información y la comunicación), Biblioteca Escolar, Aula de USAER, baños, comedor y cooperativa escolar. Se atiende un total de 278 alumnos durante el presente ciclo escolar 2016 – 2017 y todas las aulas están equipadas con aire acondicionado. También contiene una plantilla integrada por Directora, 1 personal administrativo, 1 Promotora TIC, 11 maestros de grupo, 1 maestro de Educación Física, 4 maestros de Inglés, 1 maestra de apoyo y 1 psicóloga por parte de USAER, y durante este ciclo se integró 1 psicóloga, por parte del Sistema DIF del programa "Un psicólogo en tu escuela", misma que atiende los casos de Jared, Josué, Uriel y Juan Miguel, así como de alumnos de otros grados solo con problemas de conducta.

La ubicación del aula dentro de la escuela es adecuada, ya que no existen demasiados distractores visuales o auditivos que afecten la atención, concentración y retención de aprendizajes de los alumnos; el espacio con el que cuenta el aula es suficiente para realizar con los alumnos actividades en equipos. Además, su acceso es fácil, debido a que cuenta con un terreno muy amplio; el mobiliario existente en el aula es suficiente para atender las necesidades de los alumnos, se encuentra en condiciones regulares, puesto que la puerta no está totalmente sujeta al marco y eso dificulta el acceso al salón; se cuenta con una iluminación suficiente por lo que los alumnos y la maestra de grupo no se ven afectados visualmente al momento de realizar algunas actividades. El piso con el que cuenta el aula es de vitropiso, como también con clima acondicionado, lo cual permite estar en condiciones óptimas para trabajar, tanto en temporada de frío como en calor, solo las temporadas de lluvias afectan, ya que la infraestructura de la escuela se inunda y algunas calles de la colonia donde está ubicada aun no cuentan con pavimento, lo cual impide la asistencia durante estos días. La acústica del aula es adecuada ya que no existen ecos que deformen los mensajes orales, se transmite el sonido fuerte y claro y a pesar de que las aulas sean continuas no se perciben las actividades de los otros profesores; la higiene del aula definitivamente es un estímulo motivante que invita a la realización de las actividades.

Como es una escuela perteneciente al programa Tiempo Completo, las actividades realizadas durante la jornada hasta la 1:00 p.m. son las mismas que se realizan en una escuela de un solo turno, realizar actividades para iniciar bien el día con dinámicas atractivas para los alumnos, ver las materias básicas Español, Matemáticas y las demás asignaturas Ciencias Naturales, Geografía, Historia, Formación Cívica y Ética y Educación Artística. Todas con la duración específica que marca el Programa de Estudios necesaria para impartir todas estas asignaturas. Tienen clase de computación los días lunes a las 11:00 a.m., educación física los martes a las 9:40 a.m. e inglés todos los días de 12:00 a.m. a 1:00 p.m. En el lapso de 1:00 p.m. – 4:00 p.m. se realizan actividades complementarias a la formación de los alumnos y mas lúdicas para que su jornada diaria no sea tan cansada, tienen media hora para practicar su ortografía y caligrafía, donde se realizan dictados extensos, escritura de textos correctamente directo del pizarrón a su cuaderno, puesto que a veces están copiando el texto y aun así cometen faltas de ortografía, realizan trazos de letras del abecedario etc. Todo encaminado a mejorar su escritura.

También se llevan a cabo Líneas de trabajo que refuerzan contenidos o mejoran su convivencia en el aula divididas en los siguientes campos: Aprender a convivir, Aprender con TIC, Expresar y crear con arte, Juego con números y algo más, Leer y escribir, Leer y escribir en lengua indígena y Vivir saludablemente. Las actividades que contiene cada una de estas son muy atractivas para los alumnos ya que se relajan e interactúan con materiales diversos. En ocasiones si sobra tiempo durante las actividades y se les da oportunidad de salir a despejarse 15 o 20 min para que salgan a jugar o practicar algún deporte, que es lo que más llama su atención. Puesto que no contamos con 2 recreos solo salen al comedor 15 minutos, los alumnos que no asisten comen su lonche o compran, pero solo salen a comer y regresan a seguir trabajando. Yo considero que es necesario tengan otro recreo ya que en ocasiones los alumnos después de la 1:00 p.m. están más inquietos e intranquilos y es más difícil captar su atención.

Hace poco tiempo tuve que pedir una incapacidad por problemas de salud, por lo que no asistí durante 3 semanas, había quien cubriera mi grupo mientras yo no estaba, pero cuando regresé mis alumnos se quejaban de su maestra que cubrió dicho espacio, diciendo que ella no les explicaba como yo lo hacía, que solo les daba el trabajo y que lo resolvieran solos, los alumnos a veces necesitan ser guiados en algunas actividades para que las puedan resolver, sobre todo en algún Desafío matemático hay que dar una explicación previa o similar al nuevo tema, solo dirigirlos y que ellos solos adquieran poco a poco sus conocimientos mediante su propio descubrimiento, pero por lo visto no todos lo vemos de esa manera, eso me lleno de gusto y me hace pensar que estoy haciendo bien mi trabajo, deseaban que regresara al igual que los padres de familia, que estuvieron preocupados por mi salud. Asistieron a la reunión que hice cuando regrese después de mi incapacidad y me preguntaron quien se iba hacer cargo del grupo en 6° Grado, yo no sé esa información, puesto que aún no se nos reparten los grupos, pero ellos desean que sea yo quien les de clases a sus hijos en el siguiente ciclo escolar.

Existe una buena comunicación y relación con todos mis alumnos, padres de familia, con mis compañeros de trabajo y con la directora de la escuela.

Una vez mis alumnos me realizaron una observación y me hizo la pregunta ¿Por qué usted llega más temprano que casi todos los maestros y que la directora? A lo que yo les respondí que me gusta ser puntual. Para los alumnos nunca hay, ni habrá un mejor argumento que el ejemplo que les brindamos, solo así podremos inculcar en ellos buenos hábitos y valores.

Los padres de familia mencionan que cuando yo tomé el grupo mis alumnos aumentaron de calificación, solo se vio avance en algunos, pero fue muy significativo, están contentos con mi trabajo y mi responsabilidad, sobre todo con la paciencia y dedicación que he tenido con sus hijos. Sin embargo a pesar de los buenos comentarios, el grupo presenta mucha dificultad en la asignatura de matemáticas ante esta situación se les planteó a los padres de familia que apoyaran a sus hijos desde casa reforzando los temas aprendidos durante la jornada diaria para que los alumnos observen que de la práctica se obtienen buenos resultados, ya que se les complica saber qué operación realizar en un problema razonado, la mayoría si realiza operaciones sin apoyo de la calculadora, pero a veces con muchos errores. A lo que yo deduje que no comprenden lo que plantea un problema matemático, por eso no saben qué operación realizar. Me gusta interactuar con ellos utilizando materiales de apoyo del Baúl de las matemáticas para mejor su comprensión, pero aun así es muy difícil para algunos y aún no he logrado que mejoren en ese aspecto, sobre todo los alumnos que presentan rezago y problemas de conducta.

De acuerdo a los resultados de la evaluación diagnostica, se concluyó que uno de los factores que influyen en los alumnos que no logran la totalidad de los aprendizajes, es la comprensión lectora, y a eso va encaminada nuestra ruta de mejora del aula y de la escuela. Por lo que mis actividades siempre han estado diseñadas para abarcar los tres estilos de aprendizaje (visual, auditivo y kinestésico), para atender la diversidad que existe en el grupo, sin embargo es importante diseñar la estrategia central con actividades que impliquen observar, tocar e interactuar materiales, al igual que escuchar y reflexionar, generando así oportunidades de aprendizaje atractivas que los motiven, para eliminar el desinterés y mejorar la retención de conocimientos y el desarrollo de habilidades de los educandos. Regularmente en el Consejo Técnico Escolar compartimos estrategias para dicha problemática, por lo que todos los grados y grupos las llevamos a la práctica por indicaciones de nuestra directora, como la cartilla de lectura y la mochila viajera, en el caso de la lectura y comprensión, se nos indica también que se trabaje con los alumnos en rezago durante las clases de inglés para mejorar su desempeño y mostrar resultados satisfactorios. Probablemente por esa falta de lectura y comprensión es que los alumnos no entienden un problema elaborado con un contexto al rededor, o bien a esto se deben sus calificaciones tan bajas puesto que no leen los reactivos de los exámenes y por lo mismo no los comprenden, tomando en cuenta que no hay apoyo por parte de los padres de familia desde casa.

DELIMITACIÓN DEL TEMA.

Durante la observación y trabajo continuo con los alumnos en rezago y mala conducta, mediante entrevistas con sus padres, se ha llegado a la conclusión de que en todos los casos los padres de familia no intervienen en su proceso educativo, si atienden a los llamados que se les realiza, y en ese instante se llegan a tomar acuerdos y compromisos que lamentablemente no se llevan a la práctica.

La mayoría de los maestros que compartimos buenas y malas experiencias dentro del aula, hemos coincidido que probablemente esa falta de intervención o responsabilidad en el desarrollo del aprendizaje de los alumnos también se debe a que los padres están socialmente alejados, intelectualmente con bajos niveles de escolaridad, debido a que la mayoría de las madres de familia son cada vez más jóvenes por lo que dejan inconclusa su educación, o bien se encuentran económicamente limitados de recursos, es por ello que el aprendizaje se desarrolla sin éxito dentro de un contexto cultural definido por el conocimiento y la práctica de las mismas creencias o costumbres realizadas en cada hogar. Es increíble que, en la actualidad, los conocimientos ya no trasciendan los espacios de las aulas, ya que no se les comparte ni discute fuera de ella, lo que el maestro logra durante un día no se refuerza en casa.

Específicamente los casos de los alumnos Josué, Jared, Juan Miguel, Uriel y Estrella son muy especiales cada uno cuenta con una característica en particular que los distingue, pero comparten el desinterés por aprender, a diferencia de Estrella que, a pesar de su retraso educativo, siempre tiene ganas de aprender algo nuevo, aunque se le dificulte.

La mamá de Josué es joven tiene 26 años, es divorciada debido a que el papá se vio involucrado en grupos de delincuencia organizada, fue encarcelado, pero salió en libertad hace poco tiempo, tiene poco contacto con Josué y solo lo apoya económicamente. La señora sigue su vida, tiene otra pareja e incluso tiene otras 2 hijas de diferente padre cada una, el papá de la mayor fue asesinado también por pertenecer a un grupo delictivo. Los problemas de conducta de Josué aparte de reflejarse en la escuela los demuestra en casa ya que una ocasión trato de golpear a su mamá con un barrote hablándole con groserías, al grado de que el vecino tuvo que intervenir para tranquilizarlo. Como ya se mencionó anteriormente Josué también tiene una Deficiencia Intelectual misma que la madre ha dejado pasar, se le pidió que apoyara a su hijo desde que estuvo en primer grado llevándolo a clases de apoyo por las tardes para agilizar su aprendizaje, es un alumno que lleva mentalmente 3 años de retraso, es decir si actualmente está en quinto grado casi a punto de pasar a sexto, su mente esta para procesar conocimientos de segundo o tercer grado. Sin embargo, se ha platicado con la señora y dice comprometerse, pero no ha realizado nada por apoyar a su hijo en ese aspecto.

El caso de Uriel es similar puesto que también pertenece a una familia disfuncional, su mamá está divorciada, vive con su padrastro y su mamá biológica, pero comparte una tragedia que marco su situación debido a que su hermano mayor que tenía aproximadamente 14 años está desaparecido por pertenecer también a un grupo de delincuencia organizada y hasta la fecha no se sabe su paradero. Esto marco por completo la situación de su mamá ya que, por estar estancada en su duelo por la pérdida de su hijo, descuidó por completo a Uriel y su hermana por ello dejaron de asistir por un tiempo a la escuela, deberían de estar cursando cuarto grado, pero por ayuda de la directora se le apoyo en ese aspecto para que ambos ingresaran a 5to grado, cuando Uriel entro no sabía leer ni escribir, y poco a poco fue mejorando, pero solo con lo que se lograba en la escuela. En casa no realizaba ninguna actividad educativa, no reforzaba conocimientos ni hacia tareas, y lamentablemente como su mamá trabaja en una maquiladora, los deja solos en las mañanas, ella asegura que ya listos con su uniforme y lonche, pero estos no asisten a la escuela, faltan al menos 3 veces a la semana teniendo aproximadamente 24 faltas por bimestre, mismas que afectan su aprendizaje ya que se pierden la explicación de temas y contenidos nuevos de todas las asignaturas. Uriel también muestra desinterés por aprender, no tiene algún propósito en particular y en ocasiones ha mencionado que su papá lo quiere más que su mamá solo porque le da dinero. El padrastro del mismo tiene una hija, pero el argumenta que solo se responsabiliza de ella por ser su hija biológica, también asiste a la misma escuela, pero no se hace responsable de Uriel y su hermana dejando que hagan lo que quieran y que solo su mamá se haga cargo de su educación.

El caso de Jared también comparte una característica con los antes mencionados, ya que también es hijo de padres divorciados, su mamá no está a cargo de él, lo mira una vez a la semana, la mayor parte del tiempo lo pasa con su abuela materna quien se hace cargo de él y lo atiende, en algunas pláticas con la misma menciona que cuando su mamá tiene días libres en su trabajo no se acerca a convivir con él, y cuando se lo lleva no lo atiende ni le da de comer. El papa del alumno le manda dinero, pero la psicóloga ha logrado recaudar información sobre el caso mencionando que cuando el papá le llama por teléfono también le habla con groserías y a la vez molesto por hablar con su hijo.

Es muy difícil para la abuela del alumno manejar la conducta del mismo y su aprendizaje ya que es una persona mayor de edad trabaja dando mantenimiento y limpieza en un Centro de Salud Comunitario, recibe un sueldo mínimo y es muy complicado manejar el sustento de su nieto ya que no cuenta con el apoyo de sus padres. Nadie se involucra en el aprendizaje del alumno, está completamente solo, tiene desinterés por el mismo agregándole sus problemas de conducta, que creo se derivan de esa falta de afecto de la cual carece, es un niño que prácticamente traen como "pelotita" entre su mamá y su abuela, hasta el mismo en sus momentos de enojo ha mencionado que su mamá no lo quiere y hace diferencia entre él y sus medios hermanos.

La situación de Juan Miguel es muy distinta, sus papás si están juntos, ambos trabajan la mayor parte del tiempo y a esa falta de tiempo para dedicarle a su hijo se debe el que estos no se involucren en su aprendizaje, y ellos mismos lo han reconocido. Su rezago de esto se deriva, inclusive cuentan con un negocio propio que es una papelería, y es increíble que el teniendo disponibles todos los materiales que se encargan, no cumpla con tareas. Su mamá manifiesta que la conducta del alumno se está saliendo de control en casa ya que también les contesta de manera muy grosera, mencionando que se debe a la compañía que tiene con estos alumnos problemáticos, al menos son los únicos que han acudido al llamado y que se proponen poner más atención a su proceso de aprendizaje para que el alumno salga adelante.

Con el resto de los alumnos no se presenta ningún problema, la mayoría de los padres de familia asisten a la reunión cada bimestre, preguntan por la conducta y aprendizaje de los alumnos y se involucran en el mismo, a ello se debe que mantengan un buen promedio y sean responsables, el trabajo educativo no solo es del maestro, aparte de impartirles conocimientos ahora también tenemos que educarlos con valores y buenos hábitos que desgraciadamente hacen falta en casa. El proceso de aprendizaje es como un circulo, donde interviene el alumno, el maestro y el padre de familia, si alguno de estos desaparece el circulo no podría estar completo, yo considero que los alumnos tienen mayor aprovechamiento escolar cuando alguno de los padres está participando en su proceso educativo y a su vez si en casa hay algún reglamento que respetar para controlar su conducta.

PREGUNTAS DE INVESTIGACIÓN

1. ¿A qué se debe la ausencia de los padres de familia en el proceso educativo?

2. ¿Por qué realizan acuerdos o compromisos y no los cumplen?

3. ¿Por qué los padres más jóvenes son menos responsables?

4. ¿A qué se debe que el aprendizaje solo se realice en el aula y no se complemente en casa?

5. ¿Por qué los alumnos cada vez tienen menos interés por aprender?

6. ¿Por qué los padres de familia confunden el apoyo educativo con apoyo económico?

7. ¿A qué se debe el descuido de los padres por sus hijos respecto a su educación?

8. ¿Por qué los alumnos no realizan las actividades en casa, tareas, trabajos etc.?

9. ¿Por qué razón los padres de familia no los mandan a la escuela?

10. ¿Por qué aun teniendo tiempo los padres de familia no conviven con sus hijos?

11. ¿Cómo influye la actitud de los padres en el proceso educativo?

12. ¿Por qué el trabajo de los padres en ocasiones afecta el aprendizaje del alumno?

13. ¿Por qué los hijos de padres dedicados y responsables llevan buen promedio?

14. ¿En que favorece el trabajo colaborativo entre alumno, maestro y padre de familia?

15. ¿Qué hace la escuela para acercar a los padres de familia al proceso educativo de los alumnos?

(SEGUNDA SEMANA)

TRABAJO DE CAMPO

Para la realización de esta investigación, se pusieron en práctica una serie de pasos con un enfoque mixto, para la recolección de información, ya que se utilizó una combinación cualitativa y cuantitativa donde se generaron resultados numéricos y no numéricos y así se obtuvo una investigación más amplia, que brinda una mejor comprensión del problema utilizando distintas técnicas e instrumentos, para dar una respuesta a las preguntas planteadas.

Como técnicas de apoyo se recurrió a la entrevista utilizando como instrumento la aplicación de una encuesta con preguntas cerradas a los padres de familia de los 21 alumnos que se encuentran cursando el 5° Grado Grupo B en Escuela de Tiempo Completo Juan Escutia, solo para no evidenciar a los padres de los sujetos de estudio (alumnos problemáticos y rezagados), así como también una serie de preguntas previamente formuladas dirigidas solamente a los alumnos problemáticos y de rezago (Jared, Uriel, Juan Miguel, Josué y Estrella) y a los alumnos con promedios más altos (Rocío, América, Abril, Bárbara y Diego), para observar que tanto participan los padres en su proceso educativo, en ambos casos y analizar la información.

También se obtuvieron datos mediante la observación directa, con el grupo y los alumnos que presentan rezago educativo y problemas de conducta, para analizar su comportamiento realizando anotaciones en un cuaderno de notas, inclusive este instrumento ya se estaba utilizando como recomendación de la directora, que se plasmara día a día cada incidencia presentada con dichos alumnos por más mínima que fuese, como evidencia para mostrarlas a sus padres.

A continuación, se muestran los resultados que dan respuesta a cada una de las preguntas de investigación-acción especificando los tres instrumentos utilizados:

- Encuesta aplicada a padres de alumnos focalizados:

De los 5 padres seleccionados para la aplicación de la encuesta se extrajeron los siguientes resultados.

Escuela Primaria Juan Escutia

Grado y Grupo: 5°B

Nombre del padre de familia:

_____

_____
Nombre de su hijo (a):

Firma del padre o madre de familia que respondió el cuestionario

_____

Sexo: _____ Escolaridad o grado máximo de estudios:

_____ Ocupación: _____

Enunciados	Siempre	Casi Siempre	A veces	Casi Nunca	Nunca
1. Platica con el maestro acerca de los aprendizajes de su hijo.			3	1	1
2. Platica con el maestro alguna inquietud manifestada por su hijo.		1		2	2
3. Asiste a las juntas escolares.		1		2	2
4. Platica con el maestro de como realiza las tareas y participa en clase.		1	1	1	2
5. Platica con el maestro de las tareas de su hijo en la casa.				3	2
6. Platica con el maestro del desempeño y la conducta de su hijo.	1	1		1	2
7. Mantiene una buena relación con el maestro de su hijo.	4	1			

1. Platica con el maestro del desempeño y la conducta de su hijo.	1	1		1	2
2. Mantiene una buena relación con el maestro de su hijo.	4	1			
3. Asiste cuando es requerido por la escuela.	2	1		1	1
4. Asiste a las pláticas de expertos organizadas por la escuela.		1			4
5. Va usted por su hijo a la escuela.	2				3
6. Opina diferente con relación a lo que afecta la conducta de su hijo.			2		3
7. Participa en las rifas organizadas para el mejoramiento de la escuela.	3	2			
8. Supervisa el cumplimiento de las tareas.				3	2
9. Opina diferente en relación con lo que afecta el desempeño académico.			1	2	3
10. Platica con su hijo acerca de sus compañeros de la escuela.		1	2	1	1
11. Platica con su hijo acerca de lo que hizo en la escuela.			3		2
12. Platica con su hijo acerca de lo que hizo las distintas clases.			2	1	2
13. Conoce los servicios de apoyo que proporciona la escuela.	1	1			3
14. Platica con su hijo acerca de la relación que este tiene con su maestro.		2			3
15. Conoce el sistema de evaluación de la escuela.	1		2		2

16. Conoce el reglamento de la escuela.	1	1			3
17. Conoce la formación y experiencia de las maestras de su hijo.	1	1			3
18. Elogia a su hijo cuando cumple con las tareas de la escuela.	1		1	1	2

El cuestionario analiza principalmente los siguientes 4 factores:

1. **Asistencia a la escuela y participación de los padres en las actividades escolares:**

Las preguntas 1 al 7 evalúan la participación de los padres cuando son requeridos en las escuelas de sus hijos para diversas actividades escolares.

2. **Comunicación con los maestros:**

Las preguntas 8 al 15 evalúan la relación que tienen los padres con los maestros de sus hijos.

3. **Conocimiento del currículo y funcionamiento de la escuela:**

Las preguntas 16 al 19 evalúan cómo están informados los padres acerca de la formación profesional de los maestros, de las reglas que se aplican en la escuela y del funcionamiento de la misma.

4. **Comunicación con los hijos acerca de los asuntos escolares:**

Las preguntas 20 al 23 evalúan el conocimiento que tienen los padres sobre las actividades escolares y sobre la relación de sus hijos con los maestros y compañeros.

A continuación, se muestra el grado máximo de estudios que presentan algunos de los padres de familia según las 21 encuestas aplicadas en el grupo.

Nivel de estudios de algunos padres de familia	
Primaria	6
Secundaria	10
Preparatoria	3
Universidad	2

- Cuestionario a alumnos focalizados:

Los alumnos respondieron de manera libre y sincera el siguiente cuestionario arrojando los siguientes resultados dividido en alumnos problemáticos y rezagados (especificando cada alumno) y alumnos de buen promedio (generalizando).

Escuela Primaria Juan Escutia

Grado y Grupo: 5°B

Nombre del alumno:

_____

_____

Subraya y contesta de manera sincera lo que se te pide.

1. ¿Con que personas vives en tu casa?

   a) Con mis papas   b) Papás y hermanos   c) Abuelos   d)
   Otras personas

2. ¿Quién trabaja fuera de casa?

   a) Papá   b) Mamá   c) Papá y mamá   d) Otra persona

3. ¿Estudias en tu casa por las tardes?

   a) Si   b) No   c) A veces   d) Nunca

4. ¿Quién te ayuda con tus tareas o a estudiar en casa?

   a) Mis papás   b) Mis abuelos   c) Mis hermanos   d) Otra
   persona

5. ¿Cuáles son tus calificaciones más recientes o nuevas?

   a) Entre 10 y 9   b) Entre 9 y 8   c) Entre 8 y 7   d) Entre 7
   y 5

6. Cuando no te ayudan para hacer tareas o para estudiar ¿Por qué razón
   no tienen tiempo necesario para ayudarte?

a) Por el trabajo   b) A causa de una adicción   c) Por falta de ganas   d) Otra razón

1. ¿Te sientes con ganas y motivado cuando alguien te ayuda con tus actividades de la escuela? _____ ¿Por qué te sientes así? _____

2. ¿Crees que tus papás te ponen atención con respecto a las actividades de la escuela? _____ ¿Por qué? _____

3. ¿Piensas que en tu casa te ayudan a aprender más o que no te ponen atención?

_____

_____

4. ¿Qué mejoraría tus calificaciones en la escuela?

a) Que el maestro explicara mejor   b) Mas apoyo de mis papas   c) Más dinero para la escuela

a) Otra respuesta

Jared: En su casa vive con su abuela, sus papás trabajan fuera de casa y no viven con él, no estudia en su casa por las tardes y solo su abuela le ayuda con tareas y trabajos, su calificación más reciente es de un promedio de 6.5, cuando no le ayudan con tareas o trabajos escolares dice que se debe al trabajo de su abuela y falta de tiempo, pero respondió que se siente motivado cuando alguien le ayuda con las actividades de la escuela porque le ponen atención. Sus papás no le ponen atención con estas actividades, solo su abuela se preocupa por darle dinero para el material. En su casa no aprende nuevos conocimientos, solo lo que le enseñan en la escuela. Para finalizar la última pregunta, el comenta que para un mejor desempeño en la institución requiere de más apoyo por parte de sus padres.

Josué: Vive con sus papás y hermanas, su papa trabaja fuera de casa y no vive con él, tiene un padrastro que también trabaja fuera de casa, no estudia por las tardes en su casa y solo le ayuda a realizar sus tareas su hermana mayor. Su calificación más reciente es un promedio de 7.0, cuando no le ayudan con sus tareas o trabajos escolares menciona que es por falta de ganas de sus familiares, se siente motivado cuando alguien lo apoya porque le echa más ganas. Menciona que sus papás le ponen atención en las actividades de la escuela, pero solo cuando participa en algún deporte asisten a apoyarlo. Piensa que mejoraría su calificación en la escuela si sus padres lo apoyaran aún más, no solo en lo deportivo sino también en lo académico.

Uriel: Vive en casa con su mamá, padrastro, hermana y medios hermanos, su mamá trabaja fuera de casa y el alumno no estudia en su casa por las tardes, solo le ayudan con la realización de tareas sus hermanos, su calificación más reciente es de 6.0 y no tienen tiempo necesario para ayudarlo con trabajos escolares por el trabajo de su mamá. Se siente motivado cuando lo ayudan a resolver alguna actividad, menciona que por que le explican bien y le tienen paciencia, sus papás no le ponen atención con las actividades de la escuela porque trabajan y no tienen tiempo, por lo que no le ayudan a aprender más. Sus calificaciones en la escuela mejorarían si sus papás lo apoyaran más, contestó.

Juan Miguel: Vive en su casa con sus papás y hermanos, ambos trabajan fuera de casa la mayor parte del día, menciona que a veces estudia en su casa por las tardes y sus papás lo ayudan con las tareas a veces, su última calificación fue de 7.0, contestó que sus papás no tienen tiempo para ayudarle por su trabajo, pero que se siente motivado cuando alguien lo apoya ayudándolo con las actividades escolares, y dice que no le ponen atención en su casa y que necesita más apoyo de sus papás para mejorar su calificación.

Estrella: En su casa vive con sus papás y hermanos, su papá es quien trabaja fuera de casa y a veces estudia por las tardes, con sus tareas en ocasiones la apoyan sus papás, su última calificación fue de 6.9. También menciona que a causa del trabajo de sus papás es que no tienen tiempo para ayudarle mucho con sus actividades escolares. Contestó que siente motivada cuando alguien la ayuda a realizar las actividades de la escuela, porque están cuando los necesita. Le ponen atención en casa y siente que mejoraría su calificación si hubiese más atención por parte de sus padres.

Resultados alumnos de buen promedio

En el caso de los cuestionarios aplicados a los alumnos con buenas calificaciones, resultó que la mayoría coincidieron en las respuestas, mencionando que viven con papás y hermanos, demostrando que son familias completas, fuera de casa trabaja el padre y los alumnos si estudian por las tardes. Quienes les ayudan con sus tareas y trabajos son ambos padres, sus calificaciones son entre 9 y 10, coinciden en que, aunque sus papas lleguen cansados del trabajo siempre los apoyan cuando los necesitan. Mencionan que se sienten con ganas y motivado si alguien les ayuda con sus actividades de la escuela porque se preocupan por ellos, poniéndoles atención porque van a las juntas, hablando con la maestra cuando es necesario y les preguntan diariamente como les fue en el día escolar, en su casa les ayudan a aprender más reafirmando aprendizajes adquiridos en la escuela, y sienten que mejorarían sus calificaciones si pusieran más atención en clase.

• Observaciones:

Durante el proceso de la investigación-acción se realizaron anotaciones respecto al comportamiento de los alumnos con problemas conductuales ya focalizados, localizando en ellos ciertas conductas que evidencian las situaciones que viven en sus hogares, algunas de ellas es que el padre biológico del alumno Jared que trabaja en Estados Unidos, se encontraba de vacaciones por lo que estuvo durante una estancia aquí en Valle Hermoso, ocasionando que conviviera poco más de lo habitual con su hijo, se pudo observar un cierto avance, mínimo, pero significativo en el comportamiento del alumno ya que se estuvo responsabilizando por sus tareas, preocupándose por trabajos y su conducta, su padre regreso a Estados Unidos el día 07 de Junio y lo que se había logrado en él se perdió. Caso contrario a lo que sucede con Uriel ya que, en una conversación con él, mencionó que su papá solo le manda dinero y asocia este acto como una demostración de afecto, diciendo que él lo quiere más por ésta razón.

Estrella siempre muestra interés por aprender, pero a veces se le dificulta cumplir con tareas por problemas económicos, transporte, etc. se habló con su mamá respecto a las inasistencias de la alumna y se comprometió para no descuidarla. La situación de Juan Miguel es preocupante, puesto que cada día se vuelve más grosero, sin interés por aprender, asiste a clases sin útiles, no cumple con el horario, siempre molesta a un compañero del grupo Luis Ángel, que es un alumno serio y tímido, el día Jueves 15 de Junio la psicóloga que lo atiende llego molesta al salón diciendo que el alumno ya no asistiría a las sesiones con ella porque se la pasa jugando y no presta interés ni se esfuerza por lograr algo, mencionó que ella le dijo al alumno que le volvería a llamar a sus padres por que no mejoraba su conducta, a lo que Juan le respondió ¡No me importa! Por ello fue que la psicóloga lo regreso al aula de clases diciendo que ya era suficiente, creo que los maestros y personal de apoyo siempre tenemos un límite y si los alumnos no ponen de su parte estamos trabajando siempre contra la corriente, lo que implica un mayor esfuerzo, y a veces esfuerzo en vano.

Josué si muestra cambios satisfactorios en su conducta, ya que mediante la aplicación de la encuesta a padres de familia y observando algunos de los reactivos la madre de Josué se acercó, mencionando que la encuesta la había hecho pensar la manera en la que estaba apoyando a su hijo académicamente, por lo que lo llevará a clases de apoyo durante las tardes, una observación y sugerencia que ya se le había hecho desde un principio pero no había realizado con el alumno, por lo que se mantuvo estancado durante la mayoría del ciclo escolar debido a su DI (Dificultad Intelectual), al menos el alumno ya muestra interés por aprender, que es lo primordial para que pueda surgir un mayor avance en su conducta y desempeño académico.

Preguntas de investigación respondidas con datos adquiridos durante la investigación de campo mediante las técnicas e instrumentos aplicadas a los padres de familia y alumnos focalizados:

¿A qué se debe la ausencia de los padres de familia en el proceso educativo?

El cuestionario que se aplicó para identificar y evaluar los siguientes factores, Asistencia a la escuela y participación de los padres en las actividades escolares, Comunicación con los maestros, Conocimiento del currículo y funcionamiento de la escuela y Comunicación con los hijos acerca de los asuntos escolares necesarios para que el proceso educativo sea satisfactorio dieron como resultado que la mayoría de los padres no se comprometen a realizar las actividades básicas como llevar y recoger al alumno de la escuela, supervisar tareas y trabajos escolares, asistir a reuniones previas y acercarse cuando el docente le llama para informar alguna situación con respecto a sus hijos ya sea de avance o retroceso académico, problemas de conducta, inasistencias, etc. Si asisten y se comprometen a realizar algún acuerdo establecido con el docente o la escuela no lo llevan a cabo totalmente o no lo cumplen.

¿Por qué los padres más jóvenes son menos responsables?

Según los datos que arrojó la encuesta aplicada a los 21 padres de familia, se puede deducir que la causa principal de este problema se debe al grado de escolaridad el cual alcanzaron los padres de los alumnos ya que muchos no alcanzaron a culminar sus estudios, la mayoría cumpliendo solo con su educación básica (preescolar, primaria, secundaria) y solo dos tienen una licenciatura o carrera universitaria terminada.

¿A qué se debe que el aprendizaje solo se realice en el aula y no se complemente en casa?

Debido a que la mayoría de los padres de familia cuentan con una jornada de trabajo extensa y pasan la mayor parte del tiempo fuera de su hogar, por ello no se le brinda la atención y tiempo necesario a sus hijos para poder complementar lo que se está viendo en clase o bien estar al pendiente de tareas, trabajos y comportamiento que ellos presenten en su escuela. Precisamente se puede deducir que a causa de sus empleos recurren a inscribir a sus hijos en una institución educativa adjunta al Programa Escuelas de Tiempo Completo.

¿Por qué el trabajo de los padres en ocasiones afecta el aprendizaje del alumno?

El alumno se ve afectado en su proceso de enseñanza – aprendizaje debido a una gran cantidad de inasistencias durante el ciclo escolar, puesto que muchas de las ocasiones cuentan con una familia de muchos integrantes donde si los padres son el sustento de la misma y tienen que salir a trabajar no existe quien se haga cargo de los niños mientras ellos están fuera de casa por lo que es más fácil no mandarlos a la escuela, estropeando así su educación y generando en ellos poco a poco un desinterés por aprender.

También otra de las razones es que los padres se llevan consigo al alumno a trabajar sin darle la importancia debida que representa una buena formación académica a temprana edad.

¿Por qué los hijos de padres dedicados y responsables llevan buen promedio?

Porque no todas las familias tienen la misma manera de educar a sus hijos ya que ciertos padres de familia a pesar de contar con horas extensas de trabajo llegan a casa cansados y aun así se esfuerzan por atender las necesidades de sus hijos en el ámbito académico y manteniendo buena comunicación platicando acerca de sus vivencias diarias, mismo que se vio reflejado en los resultados que nos dio la encuesta aplicada a padres de alumnos con buen promedio.

Por otro lado, sobresalen por la responsabilidad y atención que hay entre padre e hijo asistiendo a reuniones bimestrales, llamados de los maestros, actividades escolares y preguntas frecuentes sobre su comportamiento y desempeño en clase, mostrando que su papel como padres no solo incluye un aporte económico.

¿Qué hace la escuela para acercar a los padres de familia al proceso educativo de los alumnos?

Analizando el contexto que rodea la escuela y la situación en la que viven la mayoría de las familias de los alumnos económicamente y la falta de afecto que existe entre padres e hijos, la escuela al menos una vez en el ciclo escolar ha realizado conferencias presenciales con expertos donde asisten los padres de familia y sus hijos, interactúan entre sí, reviven emociones y fortalecen lazos fraternales, sin embargo, no siempre asiste la mayoría. Se realizan las reuniones Bimestrales para entregar las calificaciones y realizar informes del avance o retroceso académico de los alumnos. También se han elaborado actividades extra escolares donde se promueve la integración familiar como kermés, festivales y competencias familiares.

(TERCERA SEMANA)

MARCO TEÓRICO

La participación de los padres de familia siempre ha sido necesaria en el proceso de enseñanza – aprendizaje, sin embargo, en la actualidad este papel tan importante que conforman dentro del proceso educativo se ha ido perdiendo, los cambios en la sociedad han influido de manera determinante en este aspecto, puesto que consideran la escuela como un espacio donde solo se hacen cargo de los alumnos, dando la vigilancia necesaria mientras ellos salen a realizar sus actividades pensando que en la escuela están seguros, y esto ha provocado que los padres se involucren cada vez menos en las labores de sus hijos, dejándolos solos en una de las etapas más importantes de la vida de cada persona: la educación.

La primera casa del alumno es la familia, lugar donde empieza a formarse ahí nace y desarrolla sus primeros años de vida, aquí es donde los modos de actuar, los valores, normas de comportamiento y formas de relacionarse con las demás personas influyen en el proceso de crecimiento de los integrantes, formando así un ciclo repetitivo, debido a que la manera en que se transmitió lo anterior a los padres durante su niñez y transcurso de su vida, lo hicieron suyo en sus nuevas familias.

El lazo entre la escuela, maestros y padres de familia es fundamental para la formación integral del alumno, ya que esto permite desarrollar e incrementar competencias en el individuo que favorezcan su adaptación a cada etapa escolar. La separación del hogar al momento de asistir a una escuela y volverse poco a poco independientes es difícil para los niños, sobre todo a temprana edad, es aquí donde el padre de familia que es un soporte básico en la educación de sus hijos genera un desequilibrio, por lo cual su apoyo es fundamental y su participación para la adaptación del alumno en el contexto educativo.

Por otra parte, se puede deducir que el rezago escolar, la falta de hábitos de trabajo e incluso la inseguridad al interactuar en un contexto determinado por parte de los alumnos, se ocasionan partiendo de la situación económica de cada familia, por ejemplo, donde los padres pasan demasiadas horas en el trabajo, genera que tengan poco tiempo para involucrarse en las actividades escolares y extra escolares de sus hijos.

Existen otros factores que influyen en este proceso, como los problemas generados en el seno de la familia (desintegración familiar, adicciones, violencia familiar, alcoholismo etc.) que generan un desinterés en los alumnos por el trabajo escolar, propician problemas de conducta y como consecuencia un bajo desempeño académico.

En la actualidad, varios especialistas han desarrollado investigaciones sobre el tema "La participación de los padres de familia en los procesos educativos". El aprendizaje se considera como un "proceso mental mediante el cual el individuo descubre y construye el conocimiento a través de las acciones y reflexiones que hace al interactuar con los objetos, acontecimientos, fenómenos y situaciones que despierten su interés". (SEP, 1993).

El psicólogo ruso L.S. Vigotsky, enfatiza que el individuo es un ser social, producto y a la vez protagonista de las múltiples interacciones sociales, no aprende en solitario, su actividad esta mediada e influida por otros, y por ello el aprendizaje es en realidad una actividad de reconstrucción de cúmulo de conocimientos de una cultura. Es decir, que el alumno está constantemente en un proceso de aprendizaje, donde siempre corre el riesgo de verse influenciado por seres de su alrededor, que beneficien o perjudiquen sus ideales.

Los padres, son los primeros educadores de sus hijos e hijas, una educación de calidad temprana puede generar un gran impacto favorecedor en el desarrollo y aprendizaje de los niños, sin olvidar que la familia es el espacio privilegiado con que cuenta el alumno para formar y ampliar su educación en la primera infancia, estos deben hacer frente a las exigencias materiales y no materiales, es decir, sostener los gastos asociados a la educación y a su vez mantener una motivación respecto al estudio hacia sus hijos estableciendo buenas condiciones de estabilidad en el funcionamiento del hogar.

Un estudio realizado en Estados Unidos, con un informe de Coleman, Campbell, Hobson, Mcpartland, Word y York (1966), demostró que factores como el nivel socioeconómico de la familia y la escolaridad de los padres influyen en los puntajes que obtienen los estudiantes. Más tarde, Balli, Wedman y Demo (1997), reportaron que la supervisión de los padres de las tareas escolares y el nivel de realización de las mismas era un factor importante en el desempeño escolar.

En nuestro país México, González, Corral, Frías y Miranda (1998), asociaron el afecto de los padres, el tiempo de dedicación a sus hijos y el interés por conocer a sus maestros, con la alta autoestima del hijo, la cual, a su vez, estimula el esfuerzo escolar. Martínez (2004), sugiere que el factor más influyente en el desempeño escolar son las prácticas familiares, incluso por encima de los aspectos demográficos, económicos y comunitarios que rodean al estudiante. Esta opinión realmente favorece mis puntos de vista respecto al objeto de estudio, puesto que algo notorio en el contexto familiar presente en la institución educativa, es precisamente la ausencia de valores familiares y educación, que asociados a los aspectos económicos y sociales que rodean al estudiante y que no son nada apropiados o favorables para el mismo, repercuten de una manera más intensa en su desarrollo académico.

Por su parte, López y Tedesco (2002), afirman que la familia debe garantizar condiciones económicas que permitan a los niños asistir diariamente a las clases y también debe prepararlos desde su nacimiento para que sean capaces de participar activamente en la escuela y aprender. Dicha preparación, presupone la existencia de una variedad de recursos por parte de la familia, entre los que destacan los recursos económicos, la disponibilidad de tiempo para supervisar el estudio de los hijos, su capacidad para promover la participación de estos en actividades culturales, para brindar afecto y estabilidad.

La participación parental se refiere al involucramiento de los padres en una o varias actividades relacionadas con la escuela, por ejemplo, asistir a las juntas de padres de familia, participar de manera voluntaria en el mejoramiento de la escuela, ayudar a los hijos con la tarea y animar los logros de los hijos, por mencionar algunas.

El profesor emérito del Departamento de Ciencias de la Educación en la Universidad de Lyon II y presidente de la Sociedad Alfred Binet y Theodore Simón, que se especializa en ideas educativas y filosofía de la educación, Avanzini (1969) nos dice que existen padres despreocupados que se niegan a realizar de manera constante los esfuerzos que demanda apoyar a los hijos en sus actividades educativas y otros padres que se percatan de que deben apoyar a los hijos, pero les es imposible hacerlo por falta de tiempo y de cultura. Caso que describe la falta de apoyo en el caso de Estrella, puesto que la alumna tiene motivación por aprender y salir adelante, pero a causa de necesidades económicas y el bajo nivel de escolaridad en el que concluyeron sus padres no son capaces de ayudarle al 100% porque carecen de enseñanza educativa, incluso no saben ni leer ni escribir, por ello se les dificulta involucrarse más en el ámbito académico.

Por otro lado, Epstein y Clark Salinas (2004) desarrollaron un estudio que pretendía evaluar una intervención para promover aprendizajes y la participación paterna en actividades de aprendizaje en el hogar. La intervención consistió en animar a los padres a pasar al menos 15 minutos con sus hijos en actividades para ayudarlos en el desarrollo de habilidades relacionadas con la escuela. Los padres y los profesores percibieron una variedad de resultados favorables de la intervención, los más significativos, se refirieron a mejoras en el comportamiento académico y social de los estudiantes y en las habilidades de comunicación entre los padres y los profesores. Lo que evidencia que realmente la participación parental genera buenos resultados en el desempeño de los alumnos.

Alguna otra de las consecuencias que genera el bajo rendimiento escolar asociado también en algunos casos a problemas conductuales, es que, al avanzar de grado escolar, todo se vuelve más complejo, lo que genera estrés en el alumno por no comprender algunos contenidos. Balli, Wedman y Demo (1997) explicaron que los padres consideran que la tarea de supervisión es valiosa, pero también piensan que su realización, en general, no es eficiente y decae de manera considerable cuando los niños pasan de la escuela elemental a los grados medios, pues expresan frustraciones sobre sus capacidades intelectuales para ayudar a los hijos en la supervisión de sus tareas. Por ello es que en ocasiones lo aprendido en la escuela no se reafirma en casa.

Cabe mencionar que una buena comunicación dentro del núcleo familiar permite crear relaciones armoniosas y de afecto entre los integrantes de la misma, se deben de buscar espacios para crear cuadros de dialogo con los hijos, para tratar temas de una manera adecuada, intercambiar ideas, metas o esperanzas. No existen otras personas más confiables para orientar y aconsejar adecuadamente a los niños, más que los mismos miembros de la familia.

Es por ello que "la comunicación es el medio para entablar relaciones humanas de una manera natural que tienen los seres humanos, para darse a entender en el entorno que se vive de acuerdo a las diferentes actividades de interrelación en los niveles; sociológico, político, biológico, psicológico, religioso y cultural". Duran et.al, (2004).

Las relaciones de padres con los hijos son de vital importancia en el proceso de aprendizaje para expresar sentimientos, pensamientos, vivencias que van a contribuir a establecer fases de comunicación a distintos niveles. Muchas veces se vive en un clima de violencia y agresión que va a crear un ambiente de miedo, inseguridad y temor, que impide comunicarse con libertad y conduce a aislarse en los propios problemas.

Según lo leído en una Tesis Realizada por Agustina Irma Camacho Reyna, Titulada "Escuela de padres y rendimiento escolar" (2013) menciona que, los padres son los primeros responsables, deben ayudar a sus hijos, y evitar el fracaso escolar, para ello deben tomar en cuenta los siguientes aspectos:

• Propiciar el hábito de estudio, organizar el horario.

• La motivación en el estudio. Es muy importante que los padres motiven a los hijos a estudiar, a aprender.

• Estar atentos al proceso del estudiante a la entrega de calificaciones y no esperar al fin de año.

• Adecuar un lugar para fortalecer el ambiente en casa y propiciar técnicas de estudio.

- Darles un tiempo de descanso cada cierto tiempo.

- Organizar las horas de comida y de ir a dormir.

- Trabajar la autoestima, en los niños y sobre todo en los adolescentes.

Sin embargo, estas tareas tan sencillas, no todas las familias las aplica, mucho menos si los padres de familia invierten la mayor parte de su tiempo en actividades fuera de casa, como el trabajo, por ejemplo.

Muchos padres no revisan si el alumno cumple con el horario de libros todos los días, no están pendientes de sus calificaciones en cada reunión bimestral que se realiza para brindar estos informes de avance o retroceso educativo, no acompañan o exigen a sus hijos estudiar para mejorar su calificación durante épocas de exámenes, los alumnos no tienen horarios para dormir, en ocasiones si el alumno manifiesta tener sueño durante la mañana antes de asistir a la escuela por el simple hecho de haberse desvelado la noche anterior, el padre le permite no asistir a clases. Es aquí donde se observa que el alumno tiene mayor autoridad que el mismo padre de familia. Y debido a la falta de dialogo constante con sus hijos no se trabaja con ellos los problemas y cambios presentes en la pre-adolescencia, en mi caso que imparto clases en un grupo de 5 grado.

Por otra parte, ante la ausencia de padres dentro de la familia, o el hecho de que el alumno pertenezca a una familia disfuncional, donde solo se hace responsable de la educación del hijo la madre, o el padre, o bien, que ninguno de los dos se hace responsable de los asuntos académicos del niño, ocasiona una frustración enorme en el alumno que manifiesta dentro del aula adoptando conductas agresivas de manera inconsciente, por el simple hecho de no poder expresarlas, por la falta de reconocimiento de emociones o carencia de afecto en el ámbito familiar.

Los conflictos matrimoniales, afectan las relaciones afectivas con los padres y cuando esto ocurre los hijos lo sufren y lo manifiestan a través de diversas reacciones, entre ellas su rendimiento académico o los comportamientos problemáticos. Los padres agotados por su propio conflicto son menos sensibles a las necesidades emocionales de los hijos y se muestran menos afectuosos. Los hijos, por su parte, pueden entenderlo como rechazo y amenaza de desintegración familiar. Siempre debemos observar el comportamiento del niño y, si se considera que existen dificultades, se debe consultar con los médicos, psicólogos o maestros, quienes pueden orientarnos acerca de la conducta de nuestros niños. Como el caso de Juan Miguel, Jared, Uriel y Josué, que sufren este tipo de problemas dentro del contexto familiar.

Los problemas de aprendizaje pueden ser causados por dos factores, el primero de ellos *interno*: que se origina en el propio alumno y se subdivide en físico o psicológico, y el *externo*: que es originado por el ambiente que rodea al menor y se subdivide en familiar, que puede relacionarse con la integración o el funcionamiento familiar o social, en donde se incluye a la institución educativa y a la sociedad en general.

En el caso de Josué y Estrella, sería un factor interno el que influye en su aprendizaje, y en el resto de los alumnos Juan Miguel, Jared y Uriel son factores externos.

Es aquí donde se puede deducir que, si un niño no tiene suficiente afecto y atención dentro del ámbito familiar o social, no se podrá desarrollar física, mental e intelectualmente con un aprendizaje integral. Como lo menciona Barnat, (1989) "las relaciones familiares influyen en la conducta y en el aprendizaje de los hijos, por su proceso de desarrollo y por qué estos empiezan a comprender el verdadero rol de sus padres"

En un artículo del periódico "El Porvenir" (2008) se menciona que "Los padres son los primeros y principales educadores de sus hijos por una razón: "En la familia se da la mayor proximidad entre el educador y el educando y los padres, por estar más próximos del niño que tiene derecho a ser educado, son los responsables y titulares del derecho y deber de educar".

Por tal descripción se puede deducir que la educación, disciplina y todo en cuanto se refiere al perfeccionamiento de la vida recae en el entorno familiar y se debe reconocer que los padres son el principio y el ejemplo.

Sin embargo, existen familias donde a pesar de que existe ausencia de alguno de los padres o bien falta de apoyo de ambos en el proceso educativo por jornadas laborales largas, divorcios, problemas familiares, por mencionar algunas, los hijos no se ven afectados por estos factores, mostrando un muy buen desempeño académico, alcanzando los mejores promedios de la clase, son responsables en sus tareas, trabajos o actividades extra escolares, tienen buena conducta y manifiestan cierto nivel de independencia dentro de la escuela. Esto se debe a que hay estudiantes que con una inteligencia normal consiguen buenos resultados a base de esfuerzo personal y dedicar el tiempo necesario, porque tienen el ejemplo en sus padres que muestran interés en todas sus actividades, se esfuerzan por realizarlo y lo consiguen, mismo ejemplo que dejan a sus hijos en la escuela, por ello no solo basta con que sean inteligentes y tengan la motivación por parte de sus padres, si no que estos alumnos muestran el querer aprender, el poder aprender y el saber hacer las actividades.

Esto permite deducir que el caso de un niño que presenta falta de interés por aprender, no sabe estudiar o no dedica el tiempo necesario a trabajos o tareas escolares, al agregarle la falta de afecto y atención, problemas familiares que generan problemas de conducta terminan por construir un alumno irregular provocando en él un bajo rendimiento escolar y emocional.

Revisión Teórica

El aprendizaje es "proceso mental mediante el cual el individuo descubre y construye el conocimiento a través de las acciones y reflexiones que hace al interactuar con los objetos, acontecimientos, fenómenos y situaciones que despierten su interés". (SEP, 1993).

"El individuo es un ser social, producto y a la vez protagonista de las múltiples interacciones sociales, no aprende en solitario, su actividad esta mediada e influida por otros, y por ello el aprendizaje es en realidad una actividad de reconstrucción de cúmulo de conocimientos de una cultura". L.S. Vigotsky

"Factores como el nivel socioeconómico de la familia y la escolaridad de los padres influyen en los puntajes que obtienen los estudiantes". Coleman, Campbell, Hobson, Mcpartland, Word y York (1966).

"La supervisión de los padres de las tareas escolares y el nivel de realización de las mismas era un factor importante en el desempeño escolar". Balli, Wedman y Demo (1997).

"Asociaron el afecto de los padres, el tiempo de dedicación a sus hijos y el interés por conocer a sus maestros, con la alta autoestima del hijo, la cual, a su vez, estimula el esfuerzo escolar". González, Corral, Frías y Miranda (1998).

"El factor más influyente en el desempeño escolar son las prácticas familiares, incluso por encima de los aspectos demográficos, económicos y comunitarios que rodean al estudiante". Martínez (2004).

"La familia además debe garantizar condiciones económicas que permitan a los niños asistir diariamente a las clases y también debe prepararlos desde su nacimiento para que sean capaces de participar activamente en la escuela y aprender". López y Tedesco (2002).

"Existen padres despreocupados que se niegan a realizar de manera constante los esfuerzos que demanda apoyar a los hijos en sus actividades educativas y otros padres que se percatan de que deben apoyar a los hijos, pero les es imposible hacerlo por falta de tiempo y de cultura". Avanzini (1969).

"Los padres consideran que la tarea de supervisión es valiosa, pero también piensan que su realización, en general, no es eficiente y decae de manera considerable cuando los niños pasan de la escuela elemental a los grados medios, pues expresan frustraciones sobre sus capacidades intelectuales para ayudar a los hijos en la supervisión de sus tareas". Balli, Wedman y Demo (1997).

"La comunicación es el medio para entablar relaciones humanas de una manera natural que tienen los seres humanos, para darse a entender en el entorno que se vive de acuerdo a las diferentes actividades de interrelación en los niveles; sociológico, político, biológico, psicológico, religioso y cultural". Duran et.al, (2004).

"Los padres son los primeros responsables, deben ayudar a sus hijos, y evitar el fracaso escolar. Agustina Irma Camacho Reyna, Titulada "Escuela de padres y rendimiento escolar" (2013).

"En la familia se da la mayor proximidad entre el educador y el educando y los padres, por estar más próximos del niño que tiene derecho a ser educado, son los responsables y titulares del derecho y deber de educar". "El Porvenir" (2008).

"Las relaciones familiares influyen en la conducta y en el aprendizaje de los hijos, por su proceso de desarrollo y por qué estos empiezan a comprender el verdadero rol de sus padres" Barnat, (1989).

(CUARTA SEMANA)

CONCLUSIONES

"El bajo rendimiento escolar, es causado por la falta de atención en los niños por parte de sus padres"

Durante el transcurso de este proceso de investigación se comprobó dicha situación, ya que en base al marco teórico fue posible sustentar que en el momento en que los padres descuidan y desatienden lo referente al ámbito educativo de sus hijos; debido a múltiples circunstancias como la falta de interés, los horarios de trabajo, problemas familiares un sin fin de problemáticas, los hijos suelen reflejar esa inatención que sienten y es muy común que ocurra dentro de la escuela, en donde pueden perder el interés y deseo de asistir a clases, afectando directamente sus calificaciones.

Mediante la aplicación de instrumentos a una muestra representativa de la población de padres de familia y alumnos, que se ve afectada por esta problemática; fue posible recaudar información de vital trascendencia para la aceptación de la suposición fijada previamente, ya que los resultados obtenidos son evidencia que nos permite analizar los diversos indicadores.

El proceso de interpretación de los resultados permitió saber que en un gran porcentaje son ambos padres los que trabajan fuera del hogar o muchos de ellos cuentan con una familia disfuncional donde ninguno de los dos presta atención a niño; punto mostró que la gran mayoría de los padres dicen no tener tiempo para ayudarlos. Un punto significativo para la investigación fue el hecho de que un gran porcentaje de los niños expresó que, si son ayudados y apoyados en sus actividades escolares, pero siguen expresando que, a pesar de ello, necesitan la atención y apoyo de sus padres. Esto indica que a pesar de que los niños se sientan motivados y atendidos por sus padres, aun tendrán la necesidad de seguir siendo apoyados.

Lo anterior lleva a comprobar el hecho de que un niño que no siente la atención de sus padres respecto a las actividades escolares, si disminuye en su rendimiento escolar.

ACCIÓN DOCENTE

Es claro que es complicado formular sugerencias que cambien aquellos estilos de crianza que provocan la problemática analizada, pero es posible crear herramientas que permitan identificar hijos y alumnos que tienen un rendimiento escolar bajo, debido a la desatención de los padres.

Sería importante desarrollar talleres para padres y profesores que les permitan ejemplificar claras situaciones de un bajo rendimiento escolar originado por desatención dentro del seno familiar.

Una adecuada comunicación por parte de los profesores con los padres de familia; tal vez parece un método anticuado y simple, pero que funciona para que los padres se hagan consientes de las consecuencias que acarrea al estudio de sus hijos, el descuido que ellos sienten.

Otra herramienta que puede ser útil para el profesor es la aplicación de baterías elaboradas por el mismo o con el apoyo del departamento psicopedagógico, para identificar cuáles de los niños que presentan un bajo rendimiento escolar, es derivado por la desatención de los padres o alguna otra problemática que afecte el proceso de enseñanza-aprendizaje.

Como último punto se propone que los padres y maestros recurran al campo informativo que es el Internet, ya que en el podrán obtener por medio de páginas encaminadas a la educación de los hijos/o alumnos, diversas alternativas para adoptar técnicas, métodos e instrumentos para evitar que las calificaciones de los niños decaigan.

COMENTARIOS FINALES.

Cuando los padres de familia participan en la enseñanza de sus hijos, por lo general, estos obtienen mejores resultados en la escuela, tienen una conducta adecuada y muestran actitudes más positivas hacia la escuela y crecen para ser más exitosos en la vida. Es por ello que la participación de los padres en la educación de sus hijos es muy importante.

La mejor manera de que los padres de familia se mantengan involucrados en las actividades escolares del niño son:

Asista a las reuniones durante el año escolar, para que conozca a los maestros, personal administrativo y de apoyo pertenecientes a la institución educativa, escuche planes de mejora y resultados logrados con los alumnos.

Asista a los eventos escolares y deportivos, las reuniones de inicio de curso, las reuniones para padres y maestros y eventos de premiación.

Informarse sobre lo que ofrece la escuela y hable con otros padres de familia para saber qué programas ofrece la escuela que podrían beneficiar a su hijo.

Ofrézcase como voluntario en la escuela, si su trabajo u otros compromisos se lo impiden, busque formas de ayudar en casa. Por ejemplo, usted puede hacer llamadas a los otros padres para avisarles sobre alguna actividad escolar.

Bibliografía

Maui A. M. y Gabriela C. M. (s.f.) Importancia de la participación de los padres de familia en el proceso de enseñanza-aprendizaje. Tesis Universidad Interamericana Para El Desarrollo. *Visión de los docentes, familias y estudiantes.*

Valdés, Á. A., Martín, M. y Sánchez Escobedo (2009). Participación de los padres de alumnos de educación primaria en las actividades académicas de sus hijos.

Revista Electrónica de Investigación Educativa Vol. 11, Núm. 1

Camacho R. A. (enero 2013). Tesis Universidad Rafael Landívar. *Escuela de padres y rendimiento escolar.*

Álvarez H. P. (julio 2008) Tesina. Instituto Michoacano de Ciencias de la Educación "José María Morelos" *Los problemas familiares afectan el aprendizaje escolar de niños de primaria.*

Rodríguez M. N. (noviembre 2010) Pontificia Universidad Javeriana. *Los efectos de la ausencia paterna en el vínculo con la madre y la pareja.*

Blog. Catholic.net Inc. (2017) *¿Por qué unos estudiantes sacan buenas notas y otros no?*

5. "APATÍA COMO OBSTÁCULO PARA EL LOGRO DE LOS APRENDIZAJES"

(PRIMERA SEMANA)

MARCO CONTEXTUAL

Soy maestra de Educación Secundaria, imparto la materia de español en la Escuela Secundaria No. 1 "Lic. Benito Juárez García" en el turno vespertino, donde atiendo a tres grupos; dos se tercero y uno de segundo grado.

Para este relato me centraré en el grupo de tercero G pues me parece que son alumnos difíciles y se han convertido en un reto para mi labor docente.

Partimos de hace cuatro meses atrás, cuando me presenté en el salón de este grupo: muy apenas me recibieron los alumnos y hubo otros que hasta me ignoraron, cada quién estaba en sus asuntos y la mayoría pensaron que sólo estaba ahí de paso como los tres maestros que me precedieron.

Tercero G tiene treinta y tres alumnos de los cuales quince son mujeres (muy inquietas y conversadoras todas) y dieciocho hombres con demasiada energía para jugar pero no para aprender, aunque algunos muy responsables... sólo algunos.

Este grupo de alumnos se caracteriza por su afición al deporte, ¿Cómo lo sé?, cuando veo que no tienen clase porque algún maestro faltó y los encuentro en el campo trasero pateando la pelota de futbol. Las mujeres son también muy aficionadas a dicho deporte porque las veo persiguiendo la pelota con singular alegría. Me ha tocado observar la manera en que se organizan para armar la cooperación para un balón de fut o para la próxima reta.

En mi corto tiempo impartiéndoles clase he notado que son un grupo muy apático a la hora de estudiar así que me he dado a la tarea de platicar con ellos de manera individual y en grupo para saber qué es lo que les gustaría y que es lo que actualmente les disgusta. La mayoría se quejó del salón de clases, de que el clima nunca sirve y se siente mucho calor, algunos me han dicho que no les gusta que los maestros se la pasen dictando pues a ellos les gusta que les expliquen la clase, les pongan dinámicas, algo que no los aburra, que muchos maestros faltan y por ende no tienen clases, aunque muchos de ellos lejos de disgustarle, les agrada.

Con ellos tengo clase a las seis de la tarde y cada que llego al salón me encuentro con sólo cinco alumnos cuando todos los demás andan jugando futbol o caminando por las canchas. Algunas veces he tenido que ir buscarlos para que entren al salón pero se quejan de que hace mucho calor ahí adentro por lo que en estos últimos días los he llevado al área de comedor, a un lado de la cooperativa para dar la clase ahí. Todos se acomodan en las bancas de concreto y sólo así se mantienen tranquilos, trabajando en mi materia, sin interrupciones. Desde ahí los observo y me doy cuenta que conviven mejor que dentro del aula. Hasta se apoyan para que ningún compañero se quede sin hacer el ejercicio correspondiente.

Una de las debilidades que he notado y me preocupa sobremanera es que no les gusta leer y mejor dicho: la mayoría no sabe leer correctamente. En una de las actividades permanentes los puse a leer en voz alta y por párrafos de manera individual tristemente descubrí que se les dificulta mucho respetar los signos de puntuación, confunden las palabras o se las saltan.

Otro detalle que he observado es que respetan mucho a los animales, en particular a los perros que habitan en el plantel y que se han convertido en las mascotas de la comunidad escolar. Me ha tocado dar clase con los caninos dentro del salón y los alumnos me piden que se queden dentro argumentando que andan huyendo del sol.

En general, puedo decir que son un buen grupo, lo que les hace falta es motivación, mucha motivación y un buen empleo de estrategias y dinámicas para hacer la clase retadora, interesante y divertida para que de esta manera obtengan los aprendizajes esperados.

DELIMITACIÓN DEL TEMA.

En mi salón de tercer grado impera la apatía para todo lo que tenga que ver con aprender. Lo único por lo que se interesan es por el deporte, en particular por el futbol, para eso si, hasta se organizan para armar "las retas" y cooperar para un balón nuevo.

Es una verdadera hazaña lograr que estén presentes los treinta y tres alumnos en la clase de español que es la mía, aunque debo decir que con las demás materias sucede lo mismo.

Platicando con ellos de manera grupal acerca de lo que les gustaría para su clase, la mayoría me respondió que les gustarían las clases más dinámicas, entretenidas, divertidas dijeron algunos y que no sea todo dictado como lo hacen la mayoría de los maestros según argumentaron.

Me entristece ver que hay algunos alumnos a los que nada les interesa, no sienten curiosidad por conocer sobre algo relacionado con las asignaturas y que piensen que siempre van a estar así; sin ningún sentido de la responsabilidad. Hay quienes faltan muy seguido o simplemente se les hace fácil "volarse" las clases.

He detectado por medio de una prueba de lectura que la mayoría del grupo no saben leer correctamente, no respetan los signos de puntuación, se saltan las palabras o las confunden con otras, no usan un adecuado tono de voz y no le saben dar énfasis a lo que leen.

Les hago dictados cada semana y todos sin excepción tienen muchos errores, algunos están muy mal en ortografía. En comprensión lectora les da mucha pereza escribir lo que entendieron sobre su lectura, algunos no pasan de un párrafo en su relato y mal redactado, otros que de plano no escriben nada.

A la hora de elaborar sus apuntes y actividades muy pocos se toman la molestia de cumplir con el orden y limpieza que pido para el cuaderno, hay quienes me entregan dichas actividades en cuadernos de otras materias.

Me he encontrado con un vicio muy difícil de erradicar: el uso del celular, muchos lo esconden bastante bien para que no se los retire en clase y otros descaradamente quieren hacer uso de dicho artefacto mientras realizan mis actividades.

He mandado citar a padres de familia de alumnos que se encuentran muy rezagados para ver cómo podemos trabajar de manera conjunta y hacer que su hijo mejore pero no he obtenido una respuesta satisfactoria ya que sólo dos de ocho padres citados han acudido al llamado.

Con esto me doy cuenta que en casa tampoco reciben una buena motivación para venir a la escuela dispuestos a aprender.

PREGUNTAS DE INVESTIGACIÓN.

1. ¿Por qué los alumnos de tercero son apáticos en clase?

2. ¿Cuáles son los intereses de los alumnos?

3. ¿Por qué es un verdadera hazaña lograr reunir a todos los alumnos de tercero para tomar la clase de español?

4. ¿Por qué los alumnos no sienten interés por estar en clase?

5. ¿Por qué no asisten constantemente a clase?

6. ¿Por qué no saben leer correctamente?

7. ¿Por qué son muy perezosos para escribir?

8. ¿Cómo les gustaría que el maestro impartiera su clase?

9. ¿Qué los desmotiva a aprender?

10. ¿Qué le sugerirían al maestro para mejorar su clase?

11. ¿Qué les impide cumplir con los criterios de evaluación del maestro?

12. ¿Por qué el uso del celular en la comunidad estudiantil representa una gran dificultad para el maestro a la hora de impartir su clase?

13. ¿Cómo es la respuesta de los padres de familia del alumnado ante la falta de interés y bajo aprovechamiento de sus hijos?

14. ¿Cómo es la motivación que recibe el alumno en casa?

15. ¿Cuánto se involucran los padres en el proceso de aprendizaje de sus hijos?

(SEGUNDA SEMANA)

TRABAJO DE CAMPO.

Para mi trabajo de campo elegí llevar un diario de campo en el que anoto todas las observaciones directas que hago a mi grupo de tercer grado; otra manera de indagar sobre la apatía que impera en ellos fue haciendo entrevistas individuales con mis alumnos y algunos maestros que también les dan clase, con el subdirector y algunos padres de familia que fueron citados por mí para hablar sobre la conducta, el aprovechamiento y como motivan a sus hijos para aprender.

Para el caso de lectura y escritura me valí de algunas pruebas de lectura en voz alta y dictados en el cuaderno para evaluar su nivel de comprensión y correcta escritura.

El siguiente escrito es el resultado de las respuestas dadas a las preguntas de investigación.

Los alumnos de tercero responden que son apáticos en clase porque la mayoría de las clases les resultan aburridas, los maestros los enredan con contenidos poco entendibles y también manifiestan ser apáticos por las condiciones en las que tienen que tomar las clases, esto es con los climas a medio funcionar o totalmente descompuestos y las temperaturas muy altas, el calor los agota y los hace perder energía.

Veintiocho de treinta y tres alumnos se interesan por el deporte: el futbol y voleibol, los cinco restantes son muy tranquilos y mencionan que les gusta escuchar música y navegar en las redes sociales.

Mediante la observación me di cuenta que es una gran labor hacer que entren al salón de clases durante mi clase porque prefieren estar en el campo jugando futbol o en las canchas practicando voleibol, me piden que los deje seguir jugando por es única ocasión pero al siguiente día vuelven a pedir lo mismo. Algunas de las alumnas corren al baño para que yo no las vea y las invite a entrar al salón y es a veces hasta transcurrida media hora de clase que se aparecen en el salón pero se niegan a trabajar en las actividades de mi materia.

Entrevistándolos de manera individual confirmé mis sospechas: si me la paso hablando por mucho tiempo en la clase se aburren y dejan de ponerme atención, me dicen que les gusta cuando les llevo actividades divertidas como sopas de letras o crucigramas, dicen sentirse hartos de tanto escribir.

La mayoría de los alumnos no asisten a clase porque deciden "volársela" e irse a jugar algún deporte, algunos cuantos faltan mucho porque (según testimonios de compañeros y maestros de otras materias) tienen problemas familiares como enfermedad de algún padre, o conflictos como que los padres están en proceso de divorcio y muchas veces no asisten por problemas económicos y por esta razón se les dificulta trasladarse a la escuela o no tienen quien los lleve.

En base a unas pruebas de lectura me di cuenta que la mayoría de los alumnos no leen correctamente, es decir, no respetan los signos de puntuación, la acentuación, confunden y cambian las palabras, además de que no saben darle énfasis a lo que leen. Preguntando a cada alumno con qué frecuencia leían en casa la respuesta fue que nada, no tienen el hábito de la lectura, ni siquiera les interesa leer.

Porque no han desarrollado el hábito de escribir, son muy pocos los alumnos que cuando hago un dictado lo hacen conservando la limpieza y el orden, aunque tengan fallas en la ortografía se esmeran por la presentación del cuaderno en general, esto sucede principalmente con las alumnas, los hombres parecen ser más descuidados y flojos a la hora de escribir.

Cuando les hice esta pregunta a los alumnos de tercero por lo menos veinte de ellos contestaron que les gustaría que les dieran la clase sin tanto dictado o explicaciones muy largas, les gustaría que las actividades fueran más creativas como responder crucigramas o que los maestros hiciéramos más uso del cañón para proyectar videos o diapositivas que tuvieran que ver con la clase.

Principalmente que los maestros falten mucho (sólo para algunos) pues dicen que pierden la continuidad de la clase o por la falta de tiempo (porque el maestro se ausentó muchos días) cuando regresa a retomar la clase ya lo hace de manera rápida. Otro de los factores por los que se sienten desmotivados es porque en el salón se siente demasiado el calor y los climas no funcionan correctamente y se desesperan por lo que no quieren estar mucho tiempo en clase para aprender.

Mis alumnos sugirieron hacer más uso de crucigramas, sopas de letras y dinámicas grupales para no aburrirse, pidieron también que lleve carteles coloridos, con recortes para que así se sientan atraídos y pongan más atención argumentan. Los más tímidos me dijeron que les gustaría ir más veces al salón de cómputo a tomar la clase y a la biblioteca porque dicen que así sienten que salen de lo rutinario.

Los criterios de evaluación con los que tienen que cumplir son: cuaderno (apuntes), examen, asistencia / conducta y actividades permanentes. La gran mayoría de las veces los alumnos no cumplen con todos los criterios porque no asisten a clase: por problemas en casa o porque no quieren entrar al salón simplemente, prefieren andar en las canchas jugando y algunos aunque entran a clase no hacen ninguna actividad porque tienen flojera o porque quieren terminar tareas pendientes de otras materias.

Porque el uso del celular es un gran distractor para los alumnos, quieren que se les permita escuchar música mientras están en clase o quieren estar jugando con dicho artefacto en vez de hacer las actividades que se les pide en clase. Aunque está prohibido llevar el celular a la escuela, los alumnos y padres de familia de estos hacen caso omiso al reglamento y resulta difícil avanzar en las actividades si no la pasamos la mayor parte del tiempo vigilando que los alumnos no lo usen.

Según relatan mis compañeros maestros los padres de familia en su mayoría culpan al docente porque algunos faltan mucho y por esa causa su hijo no aprende y la mayoría de esos padres de familia solo señalan a los maestros y solo van a quejarse del desempeño del maestro, mientras que cuando uno manda citatorio a algún padre de un niño con problemas de conducta o de aprendizaje, no hay ningún tipo de respuesta positiva, no acuden al llamado, se acercan hasta el final cuando hay entrega de boletas y se quedan sorprendidos y enojados porque su hijo salió mal en las calificaciones. Son muy pocos los padres que se han acercado oportunamente a hablar conmigo para ver cómo va su hijo en mi materia y si su hijo va mal en la materia el mismo padre toma cartas en el asunto para lograr que su hijo mejore.

Algunos alumnos relatan que sus papás están al pendiente de los logros de sus hijos y se nota pues son alumnos con buenas calificaciones, muy regulares, no faltan a clase. Por otra parte he observado que algunos tienen familias disfuncionales (algo muy común en estos días) y no prestan atención a sus hijos, lo que se refleja mucho en la conducta de estos y en las calificaciones, hasta en el arreglo personal del adolescente.

Muy poco, esa es la respuesta. Sólo algunos en este caso en el salón de tercero de treinta y tres alumnos sólo cinco padres de familia han ido a preguntarme cómo van sus hijos en aprovechamiento, si está asistiendo a clase o si realiza todas las actividades, los demás padres no acuden al llamado cuando los cito para hablar sobre la conducta de su hijo.

Resultados

Los resultados se examinaron mediante la técnica de análisis de contenido (Álvarez, 2004). Las categorías de respuesta se obtuvieron a partir del mencionado análisis por jueces expertos, quienes obtuvieron un porcentaje de acuerdo mayor de 85%. De acuerdo con los resultados obtenidos, se observa que lo que causa más apatía a los adolescentes se agrupó en las categorías de actividades escolares, labores domésticas, ocio y actividad física. Ambos sexos coinciden en que lo que más les causa apatía es escribir, hacer tareas, ir a la escuela, estudiar matemáticas, inglés y ciencias, ayudar en casa, lavar trastes, levantarse temprano, recoger su cuarto, estar en casa, hacer deberes, ir a la tienda, no hacer nada, ver televisión, correr y jugar futbol. Respecto a lo que más les desmotiva en la vida, las respuestas se agruparon en las categorías de labores escolares, enfermedad-muerte, desilusión, labores domésticas, actividad física, agresiones, ocio, injusticia, convivencia familiar, frustración e inseguridad. Ambos sexos coinciden en que lo que más les desmotiva es la tarea, peleas con amigos, enfermedad, que no los apoyen, quehaceres domésticos, deportes, problemas familiares, fracaso, que algo salga mal, no poder hacer lo que quiere, no ser alguien en la vida y la crítica de la sociedad.

De acuerdo con lo que más les genera falta de interés se encontraron las categorías de frustración, desesperanza, actividad física, ocio, actividades escolares, otras personas y labores domésticas. Lo que más les produce desgano se agrupó en las categorías de labores domésticas, escuela, actividad física, ocio, frustración, desesperanza, rechazo, otras personas y enfermedad. Ambos sexos coincidieron en sentir desgano de levantarse temprano, estar en casa, quehacer doméstico, matemáticas, caminar, no hacer nada, calor, estar tristes, cuando los regañan, cuando se sienten solos y ver personas tristes.

Finalmente, respecto a las actividades en las que prefieren no participar se agruparon las respuestas en las categorías de actividades escolares, actividades físicas y relaciones sociales. En la muestra masculina se agregó la categoría de conductas antisociales, y en la femenina la de actividades

121

del hogar y culturales. Ambos sexos evitaban participar en bailables o festivales escolares, trabajos en equipo, convivios o intercambios dentro del salón de clases, así como participar en clase expresando opiniones.

En la investigación "El docente frente al reto de motivar al alumno". Fernando Arturo Sánchez Cabrera.(Revista Iberoamericana Producción Académica y Gestión Educativa ISSN 2007-2619) extraje los siguientes párrafos:

La apatía no es un fenómeno estático; nace, se desarrolla, lleva al desinterés, y a su vez al aburrimiento y éste muestra muchas caras: la pasividad, la inercia, es por demás sabido que las tareas de investigación bien encausada genera el interés, la curiosidad por lo desconocido y el fundamento de la innovación, y que desarrolla una capacidad de análisis y creatividad, pero principalmente alumnos capaces de enfrentar y resolver problemas de la vida diaria, sin embargo nos enfrentamos a una realidad escolar que nos ocupa en este trabajo de investigación Para la mayoría de los docentes, estudiar e impartir conocimientos, resulta algo reflexivo, argumentativo y constructivo, para un gran número de estudiantes, en cambio, es sinónimo de desidia, descuido, molestia y desinterés; tal vez, esta percepción pueda ser entendida como una falta de pasión hacia lo que hacemos, y si no sentimos entusiasmo al realizar nuestras actividades escolares, nuestro fruto será entonces un precario aprendizaje sin logros significativos y sin mayores beneficios para nuestro desarrollo personal, intelectual y profesional, basado evidentemente en una pasión negativa. Está terrible situación que vivimos en nuestras escuelas, es sin lugar a dudas, la mayor preocupación del cuerpo docente y administrativo y de muchas instituciones educativas de nivel medio y superior, buscando el imperante significado y las posibles causas de lo que ha provocado en los jóvenes que los lleva a sentir ésta apatía hacia el estudio y la investigación, es importante que el alumno logre comprender entre lo que tiene que hacer por imposición docente o curricular y lo que debe hacer por beneficio propio. Esto nos lleva a especular, surgen preguntas como: si el problema es económico, si es algo personal o familiar, si existe influencia de los diversos medios de comunicación, si es algo social, o los docentes no estamos capacitados etc; cuestionamientos que en el fondo generan nuevos cuestionamientos como: la situación de los jóvenes en el sistema educativo. De qué sirve encargarles a los alumnos innumerables trabajos de investigación, si finalmente no les deja un aprendizaje significativo, que con frustración nos damos cuenta en el salón de clase al cuestionarles sobre su trabajo.

Ante esta realidad escolar no podemos cruzarnos de brazos y los alumnos hagan como que aprenden y los docentes hacemos como que enseñamos, tenemos que encontrar respuestas que nos lleven a solucionar y prevenir este problema no solo escolar sino en toda la sociedad, ya que es conocido que la investigación es base del desarrollo tecnológico que trae beneficios en todos los ámbitos y es por eso que la educación es el cimiento del desarrollo de una nación.

Nosotros como docentes del nivel medio superior tenemos que empezar a pensar en encontrar la manera de que la familia y el colegio trabajen juntos a fin de lograr ayudar a los adolescentes para que comprendan el valor del estudio y del esfuerzo en pos de conseguir lo que se propongan. Para lograrlo es fundamental el rol de la motivación. Dos factores juegan fuertemente en la motivación: la autoestima y la resiliencia, el primero es un conjunto de percepciones, pensamientos, evaluaciones, sentimientos y tendencias de comportamiento dirigidas hacia nosotros mismos, hacia nuestra manera de ser y de comportarnos, y hacia los rasgos de nuestro cuerpo y nuestro carácter. El segundo, se define como la capacidad de los sujetos para sobreponerse a períodos de dolor emocional y traumas. Ayudarlos a comprender que todos y cada uno de ellos son capaces de lograr lo que se propongan siempre y cuando estén dispuestos a esforzarse y trabajar en pos de lo que desean. Educadores y padres deben esforzarse para crear un ambiente que favorezca el diálogo tanto en el hogar como en la institución escolar.

Es de vital importancia que los docentes revisen críticamente qué es lo que funciona en la práctica y qué es lo que ya no sirve pero se sigue haciendo por comodidad o por inercia. De esta forma se podrá ver qué modelo de enseñanza podría reemplazar al modelo de institución tradicional que aún predomina y que resulta anacrónico en la sociedad posmoderna.

Un elemento que tiene cada vez más peso en la enseñanza y que siempre ha estado presente, ya sea por parte de los alumnos y hasta de los mismos maestros es el problema de la falta de interés en las tareas de investigación escolar, la sociedad que es una parte importante dentro de esto culpa a una y a otra, pero de una manera muy significativa le atribuyen a los maestros toda la responsabilidad de que el alumno tenga un buen desempeño escolar, y es la verdad ya que el maestro al asumir esta labor tan importante comprometen su vida a la de la sociedad.

Para que exista el desinterés en tareas de investigación escolar es porque hay otros factores que influyen en esto, ya sea que a los alumnos no les interesen las clases porque todo lo que ven es monótono, y también el desinterés de los padres de familia en las actividades escolares del alumno ya que algunos no comprenden la importancia que tiene su participación en la vida escolar y personal del estudiante. Los dos factores negativos antes mencionados nos lleva a darnos cuenta de otro problema aun más grave que es el fracaso escolar y esto no es más que la consecuencia del desinterés que existe en el alumno y que el maestro en muchas de las ocasiones no hace absolutamente nada para obtener su atención y no está de más decir que el interés es una condición primordial para que el aprendizaje sea exitoso.

A simple vista es posible notar que los problemas de desmotivación se deben principalmente a factores provenientes desde el hogar, amistades, el lugar donde viven, o lugares que frecuentan los jóvenes. Las principales causas son. a) Hijos de padres separados b) Hijos de padres alcohólicos c) Violencia intrafamiliar d) Adicciones e) Problemas económicos f) Influencia de los amigos g) Monotonía en clases por parte de los profesores

Es determinante la influencia que el ambiente familiar provoca en el rendimiento escolar del adolescente. Frente a la búsqueda del Yo en el adolescente, en esa incertidumbre y visión poco clara de las cosas, los más inducidos en la orientación deberían ser los padres. Pero los padres se miran como figuras autoritarias por el forzoso papel que les corresponde. Son cantidad de adolescentes los que rehúyen a sus padres porque se encuentran en un momento de la vida en que tratan de deshacerse de los lazos de dependencia familiar. Frente a esta realidad de familia, que vive el adolescente, la escuela debe unir sus esfuerzos para formar debidamente al joven. La comunicación padres-maestros aporta a cada uno una visión más completa de la personalidad y del proceso de crecimiento del adolescente.

"Las razones de dicha apatía se encuentran relacionadas con la desmotivación, el desgano y el aburrimiento que padecen algunos adolescentes; motivado por no conseguir, a corto plazo, las expectativas esperadas, las metas deseadas (no aprobar exámenes, no alcanzar las notas, repetir cursos, etc.)". (Lic.Rodolfo Valentini, 2008)

"Las dificultades en el aprendizaje no son un castigo ni una culpa por la que hay que pagar con el fracaso o la marginación; y el trabajo de retención no debe centrarse de forma exclusiva o preponderante sobre la dificultad, ya que sólo provocará desinterés y resistencia, sino en posibilitar al alumno descubrir sus posibilidades, reconocer sus dificultades y aprender a partir de ellas. Es indispensable por lo tanto que el alumno y sus padres, a partir de la intervención del docente, puedan conjugar una imagen integradora que comprenda lo que sabe y lo que no sabe hacer, lo que puede y lo que no puede hacer, lo que le gusta y lo que le desagrada".(Lic. Rodolfo Valentini, 2008).

"Es importante que el alumno logre comprender entre lo que tiene que hacer por imposición docente o curricular y lo que debe hacer por beneficio propio. Esto nos lleva a especular, surgen preguntas como: si el problema es económico, si es algo personal o familiar, si existe influencia de los diversos medios de comunicación, si es algo social, o los docentes no estamos capacitados etc; cuestionamientos que en el fondo generan nuevos cuestionamientos como: la situación de los jóvenes en el sistema educativo. (Fernando Arturo Sánchez Cabrera,2007).

"La familia y el colegio trabajen juntos a fin de lograr ayudar a los adolescentes para que comprendan el valor del estudio y del esfuerzo en pos de conseguir lo que se propongan. Para lograrlo es fundamental el rol de la motivación". (Fernando Arturo Sánchez Cabrera,2007).

"A simple vista es posible notar que los problemas de desmotivación se deben principalmente a factores provenientes desde el hogar, amistades, el lugar donde viven, o lugares que frecuentan los jóvenes. Las principales causas son. a) Hijos de padres separados b) Hijos de padres alcohólicos c) Violencia intrafamiliar d) Adicciones e) Problemas económicos f) Influencia de los amigos g) Monotonía en clases por parte de los profesores".(Fernando Arturo Sánchez Cabrera,2007).

(TERCERA SEMANA)

REVISIÓN TEÓRICA.

Sobre el tema "La apatía como obstáculo para el logro de los aprendizajes en los alumnos de tercero" pude encontrar el Google la tesis: "La Apatía Escolar en el adolescente"

(Mirta Clotilde Gómez, 2014) de donde extraje los siguientes apartados, que nos aporta información sobre las posibles causas de la apatía en el adolescente:

El presente estudio tiene como objetivo describir las causas de la apatía escolar del adolescente secundario, fenómeno que, según la investigación realizada por el Licenciado Rodolfo Valentini (2008), lleva a los jóvenes desde el Ciclo Básico hasta el Ciclo Orientado de educación media en Argentina una percepción de conformidad o implosión social. La exclusión social y la exclusión escolar se manifiestan como conceptos clave para el análisis puesto que se refieren a fenómenos que están estrechamente vinculados y en determinadas ocasiones pueden verse reforzados mutuamente. Se aborda un caso institucional en función de la observación informal a los alumnos del 8vo año1era división y al 8vo año 2da división del Ciclo Básico, donde se detecta que un grupo de 20 adolescentes manifiestan apatía escolar, no cumplen con sus tareas diarias, carpetas incompletas, inasistencias consecutivas, desaprueban los exámenes sin distinción de asignaturas. Por ello resulta de interés caracterizar, entre las causas que inciden en el rendimiento de los jóvenes en este período de enseñanza y de aprendizaje, las razones de la apatía. A través del análisis de las voces de los adolescentes los padres, los docentes y las observaciones, se arriba a que las razones de dicha apatía se encuentran relacionadas con la desmotivación, el desgano y el aburrimiento que padecen algunos adolescentes; motivado por no conseguir, a corto plazo, las expectativas esperadas, las metas deseadas (no aprobar exámenes, no alcanzar las notas, repetir cursos, etc.).

Continuando con lo expresado por el licenciado Rodolfo Valentini (2008), en el documento antes citado, la apatía escolar, es un fenómeno que se ha incrementado en estos últimos tiempos y que afecta a un sinnúmero de alumnos de todas las edades, no solo en una clase o en la clase de cierto profesor, sino que es un mal generalizado en la escuela es tema que con frecuencia los educadores presentan como una cuestión preocupante en reuniones con padres, entre comunidad educativa y alumnos. Son escasos los estudios científicos que abordan en profundidad las causas de la apatía respecto de temas escolares que presentan los alumnos, es por ello que resulta significativo profundizar respecto de ¿cuáles son las causas de la apatía escolar del adolescente secundario, desde la perspectiva del alumno, del docente y de la familia?.

La metodología para el presente estudio se realiza partiendo de una investigación mixta descriptiva, utilizando las técnicas cualitativas a través de registros de observación y las cuantitativas a través de la lectura de los datos estadísticos recogidos de las encuestas realizadas a los alumnos y a sus padres; además, como variante el análisis de la entrevista a los profesores, utilizando la técnica de "grupo focal". De la totalidad de los alumnos de 8°1° y 8°2°, quienes representan el universo: 40 (cuarenta) alumnos y se trabaja con una muestra de 20 alumnos de ambos cursos. Para la recolección de datos se utiliza: la lectura de información estadística, las entrevistas a docentes y encuestas a padres de los alumnos de la muestra; y sus respectivos registros de observación, en los recreos, en horas de clases y en diferentes asignaturas.

La desmotivación de los alumnos llega a su punto crítico en el nivel medio, donde el malestar del aburrimiento aparece como una de las condiciones más favorables para la aparición de la violencia u otro tipo de comportamiento peligroso. Si a esto se le suma las dificultades comunes de relación entre adultos y adolescentes, provoca episodios de conflicto, de transgresión y de violencia. (Horizontes Educacionales, Vol. 15, N° 2: 69-81, 2010) Las inasistencias a clase los estudiantes por otra, mostraría el deseo de unos y otros de estar más afuera que adentro de la escuela. (Ferreyra, H., y otros, 2001- 2003. Revista Iberoamericana de Educación) (ISSN: 1681-5653).

A partir de lo expresado desde los distintos autores, resulta fundamental reconocer la necesidad de realizar propuestas diferenciadoras por parte de los docentes ya que no se espera que todos aprenden lo mismo, al mismo tiempo, en los mismos plazos, ya que los alumnos que cuentan con diferentes marcos referenciales no pueden aprender de la misma forma y con idénticos materiales; las dificultades en el aprendizaje no son un castigo ni una culpa por la que hay que pagar con el fracaso o la marginación; y el trabajo de retención no debe centrarse de forma exclusiva o preponderante sobre la dificultad, ya que sólo provocará desinterés, apatía y resistencia, sino en posibilitar al alumno descubrir sus posibilidades, reconocer sus dificultades y aprender a partir de ellas. Es indispensable por lo tanto que el alumno y sus padres, a partir de la intervención del docente, puedan conjugar una imagen integradora que comprenda lo que sabe y lo que no sabe hacer, lo que puede y lo que no puede hacer, lo le gusta y lo que le desagrada. La preocupación por la retención es la preocupación por lo que suceda en el camino que media entre el punto de partida y el punto final, no la preocupación por los resultados. En otras palabras, la retención se considera fallida si el proceso seguido para alcanzarla no ha servido para que, tanto los profesores como los alumnos, encuentren la posibilidad de un trabajo compartido, mejoren sus procesos de enseñar y aprender, su socialización, su autoestima, sus ganas de estudiar y egresar del secundario con su titulación.

(CUARTA SEMANA)

CONCLUSIÓN GENERAL.

El análisis de los resultados revela que la familia y la escuela deben trabajar en conjunto con el propósito de hacerles ver a los adolescentes lo importante que es estudiar y el esfuerzo que esto implica.

El ambiente familiar es determinante para el rendimiento escolar del adolescente pues son los padres los que deben inculcar en el adolescente los valores como la responsabilidad, compromiso y solidaridad, entre otros.

Los padres y docentes deben estar siempre alerta sobre la conducta o cualquier patrón que pueda indicarles que el adolescente está siendo víctima de la desmotivación y por ende de la apatía y una vez detectado el problema se actúe en consecuencia para sacarlo adelante.

La labor del docente es insustituible en el proceso de enseñanza – aprendizaje, el alumno sin la ayuda del profesor difícilmente podrá alcanzar los mismos fines.

A manera de cierre considero necesaria la difusión de la información contenida en esta investigación, entre mis colegas docentes, como fuente de consulta para que conozcan más detalladamente sobre la apatía de los alumnos, sus causas principales y estrategias para abatirla; así también, que conozcan los instrumentos y enfoques utilizados para llevar a cabo dicha evaluación.

ACCIÓN DOCENTE.

Algunas estrategias que el docente puede emplear y que resulten motivadoras son:

- El uso más frecuente de las tecnologías para abordar los contenidos de la clase.

- Utilizar materiales coloridos y con imágenes llamativas para atraer la atención del alumno

- Emplear sopas de letras, crucigramas y cualquier pasatiempo que resulte entretenido y a la vez exprese el contenido de la clase.

- Hacer más uso de las dinámicas grupales y ejercicios cerebrales que mantienen al alumno en movimiento y alerta.

Todas estas estrategias deberán emplearse con el fin de motivar y activar a los educandos cuando se sientan aburridos y apáticos.

COMENTARIOS FINALES.

Desde que me incorporé a dar clases como maestra de español frente a mis grupos de alumnos he notado como he ido evolucionando en tan poco tiempo, pues he comprobado en el día a día que lo que puede funcionar con algunos alumnos para mantener su atención en la clase no funciona para otros y me he dado a la tarea de ir buscando alternativas para que ninguno de mis alumnos se rezague o pierda el interés por mi clase, también me he propuesto desde el primer día bajar el índice de inasistencias pues era un problema muy marcado en mi grupo de tercero, y hoy me siento satisfecha al ver que en los resultados de mi evaluación bimestral he logrado elevar el porcentaje de asistencia y aprovechamiento en el grupo que al principio se mostraba muy apático a la hora de aprender y me llena de enorme satisfacción ser la que los guía para que mejoren su desempeño escolar.

BIBLIOGRAFÍA

VALENTINI Rodolfo (2008); artículo: reflexiones sobre el fenómeno de la apatía en los ámbitos escolares.Educar.org.

GÓMEZ Mirta Clotilde (2014); La apatía escolar en el adolescente.

Enseñanza e Investigación en Psicología Vol. 20, No. 3: 326 – 336, Apatía, desmotivación, desinterés, desgano y falta de participación en adolescentes mexicanos (2015).

HEREDIA CHI Sebastián (2000); La apatía del alumno por los estudios.

SÁNCHEZ CABRERA Fernando Arturo (2007); El docente frente al reto de motivar al alumno; Revista Iberoamericana Producción Académica y Gestión Educativa(ISSN 2007 – 2619).

Revista Iberoamericana para la Investigación y el Desarrollo Educativo (2013);Estrategias de enseñanza para abatir la apatía del alumno de secundaria(ISSN 2007 – 2619).

6. "EL INTERÉS DE LOS ALUMNOS DENTRO DEL AULA"

(PRIMERA SEMANA)

MARCO CONTEXTUAL

Soy profesor a cargo el grupo de 3°A de la escuela en el turno vespertino, ubicada en Tampico, Tamaulipas, a diferencia de otras escuelas, mi escuela es integradora cuenta con equipo de USAER que atiende a niños con problemas especiales como hiperactividad, lento aprendizaje, autismo por mencionar algunos. Mi escuela cuenta con dos grados por grupo, cuenta con agua, luz, internet, una biblioteca, un centro de cómputo.

Mi grupo es de 24 alumnos, 8 niñas y 16 niños para ser específicos, mi salón es amplio o tal vez lo vea amplio porque me sobran unos 8 bancos, en el turno de la mañana siempre son más alumnos, llegando a 30, es lo que observo en todas las escuelas que en la mañana los salones siempre están llenos.

Mi grupo anteriormente lo tenía el profesor Luis Jiménez, un maestro que se jubiló y tuvo al grupo 1° y 2° año, las edades de mis alumnos oscilan entre 7 y 8 años, pienso que mis alumnos están a gusto con las clases, la forma en la que enseño e imparto la clase, entre algunos comentarios que he escuchado son que pongo mucho trabajo y es cuando pienso que son flojos, he estado frente a grupo cubriendo en la mañana en otras escuelas y me doy cuenta que son muy trabajadores, terminan rápido y en ocasiones piden hasta más trabajo, es con lo que siempre me he topado en turnos matutinos.

En cuanto al aprendizaje, como en todas las aulas cuento con estilos diferentes de aprendizaje, cuento con alumnos visuales, auditivos y kineticos. Tengo alumnos que son de lento aprendizaje como por ejemplo: Cesar, José Manuel, Dorianh, Talina, al igual menciono que tengo un niño con problemas especiales que se llama Juan Carlos que tiene autismo, con el cual trabajo diferente, su aprendizaje, sus conocimientos van desfasados al de sus compañeros. Con el me enfoco en lectura, escritura y operaciones matemáticas: suma, resta, multiplicación y división. El niño tiene problemas para controlar su actitud cuando se desespera al no poder con un ejercicio, una actividad, se ponía a gritar, amenazar con golpear a sus compañeros, a golpear su banco pero he aprendido a manejarlo en el transcurso del tiempo.

Tengo en servicio más de un año en el sistema a lo largo de este tiempo he aprendido cada vez muchas cosas y seguiré aprendiendo. Con los alumnos que tienen problemas de rezago les dedico más tiempo individualmente, para explicarles personalmente, ver en que se equivocan, a que se debe que batallan, cuestionarlos de en qué se les dificulta y si es necesario explicárselos de otra manera. Tengo que mencionar que por ser la mayoría varones en mi grupo, tengo problemas a veces con la disciplina, les gusta el juego, todos los varones se llevan bien entre ellos, a la hora de entrada, en lo que tocan juegan futbol y también en el recreo, les gusta mucho ese deporte.

Dentro del aula constantemente se distraen, si uno se distrae los demás de su alrededor también, constantemente tengo que llamarles la atención para que estén atentos a la clase o para que terminen las actividades que les he puesto, a la mejor esto de la distracción se está dando porque estamos finalizando el ciclo o porque desde la entrada hasta la salida están conmigo, ya que por el momento no tienen clases de inglés, ni artística por cuestiones personales de los maestros que imparten esas materias. Se comportan cuando les amenazo, advierto que si están hablando, parándose, o que les voy a quitar minutos de su recreo, o dejarles más tarea, o que trabajen parados en su banco. Me gusta cuando mis alumnos están atentos a la clase, cuando muestran interés y participan, cuando trabajan con entusiasmo, con gusto y en silencio.

Las opiniones de los papas siempre he escuchado que soy buen maestro, alguna que otra vez se me han acercado y me han preguntado que porqué les he de dejado tarea extra a su hijo y les contesto por su mal comportamiento dentro del aula, por estar interrumpiendo la clase, tuve que sancionarlo. En mis clases de acuerdo a mi horario de Lunes a Miércoles tengo Español y Matemáticas, los Jueves y Viernes, Ciencias Naturales, F.C.E. y Entidad.

En las materias que más me enfoco son Español y Matemáticas (que son las materias fundamentales) en español en el desarrollo de la lectoescritura, matemáticas el desarrollo del pensamiento lógico matemático, que en esta última materia los niños me batallan para identificar qué tipo de problema se tiene que usar a la hora de resolver un problema razonado.

Respecto a los logros que he tenido con mi grupo son que la mayoría se han aprendido las tablas, a diferencia cuando entraron que no se las sabían completas, que casi todos me resuelvan multiplicaciones de 4 por 2 cifras e igual divisiones de 4 a 5 cifras adentro. Esto es un pequeño avance pero gran paso para ellos, porque hay todavía grados como 4°, 5° y 6° en que los niños aún no se saben las tablas y no saben multiplicar, ni dividir y hasta a veces restar.

Esto es un pequeño escrito en cuanto a mi grupo de 3°A, de la escuela José Inés Loredo.

DELIMITACIÓN DEL TEMA.

Me gusta, me encanta, me apasiona cuando mis alumnos demuestran su interés en el tema, se puede notar porque todos quieren, se puede notar porque todos quieren participar, hasta Juan Carlos el niño con (autismo), alza la mano para participar y en ocasiones hasta quiere pasar a participar al pizarrón a realizar el ejercicio.

Algunas veces esto tiende a suceder cuando llevo una presentación elaborada en diapositivas con imágenes respecto al tema, e igual descargo toda mi energía en dar la mejor clase con el fin de que ellos aprendan lo que les imparto.

Algunas veces los reto a no llevarse tarea siempre y cuando de un ejercicio de 10 operaciones matemáticas saquen bien todas las operaciones y ahí los veo trabajando motivados en silencio. Cuando hay interés en realizar la actividad nadie anda parado, ni platicando todos trabajan con gusto, esto me motiva a seguir enseñándoles nuevas cosas, nuevos temas. Me ahorro tenerles que llamar la atención constantemente.

También influyen los papás, de lo que hablan con los niños, tengo el ejemplo de un niño el cual tuvo un arranque de ira, enojo con el mismo cuando jugaban en Educación Física, el no acepta perder y en esa ocasión sucedió eso perdió en el juego, se puso mal, a gritar, a tirar los bancos de su alrededor, logre calmarlo hablando con él. A la salida hable con su mamá sobre el incidente, le dije que hablara con él en casa, tengo que mencionar que es un niño muy participativo, sabe mucho, lee mucho, es muy inteligente pero no le gusta escribir.

Al día siguiente era otro Humberto, era de unas pocas veces que lo veía agarrar el lápiz y puedo decir que la comunicación constante de los papas con los niños es muy importante, es otro motivante más para ellos en el aula, la verdad no sé qué hablaría su mama con él, pero recalco, es importante por parte de los papas también hacerles ver a los niños la importancia de ir con toda la actitud, a la escuela, teniendo en cuenta siempre el deseo de aprender.

En otra ocasión les explique cómo se resolvía la división con 4 cifras adentro, al parecer les gusto y querían más trabajo.

Cabe mencionar que <u>cuando hago uso de la amenaza, de la advertencia todos se ponen a trabajar</u> interesadamente en la actividad ya que no interrumpen la clase y no distraen a sus compañeros. <u>Hay niños que por sí solos por su forma de ser siempre han mostrado interés en el tema</u>, al participar, al terminar los trabajos.

PREGUNTAS DE INVESTIGACIÓN.

1. ¿Por qué mis alumnos demuestran interés en el tema?

2. ¿Juan Carlos el niño con autismo porque alza la mano para participar?

3. ¿Cómo hacerle para que trabajen motivados en silencio?

4. ¿Cómo influye lo que hablan los papas con sus hijos?

5. ¿Porque Humberto no acepta perder en un juego?

6. ¿Cómo saber si les gusta una actividad y hasta pidan más trabajo?

7. ¿Porque hay niños que por sí solos demuestran interés en el tema?

(SEGUNDA SEMANA)

TRABAJO DE CAMPO.

¿Qué hacer para captar la atención total de mis alumnos?

La técnica que use fue el uso de la observación y mi instrumento el diario de campo, hice especial énfasis en las formas de impartir mi clase, registrando en mi diario el grado de interés que mostraban mis alumnos en el cuál use 3 categorías:

1. Poco interés

2. Mediano interés

3. Mucho interés

Formas de impartir mi clase:

1. Con proyector:

2. Uso único del pizarrón :

3. Únicamente verbal:

Materia: Español

Tema: Practica social del lenguaje 14 "Escribir un recetario de remedios caseros"

Realice el día Martes las tres formas de impartir la clase (cada forma de clase fue de 15 minutos), la primera clase fue verbal en la que de 24 alumnos 7 estaban distraídos, procedí a hacer uso del pizarrón en lo cual se redujo la cantidad a 4 alumnos (distraídos). Por ultimo para terminar y complementar el tema procedí a hacer uso del proyector en el cual mostré unos videos sobre remedios caseros y los elementos del mismo, la atención del grupo fue en su totalidad.

Resultados:

1. Poco interés – 17 alumnos prestaban atención.

2. Mediano interés – 20 alumnos prestaban atención.

3. Mucho interés – 24 alumnos prestaban atención.

El grado de atención de los alumnos puede estar ligado a la forma de impartir la clase, los datos arrojados son los siguientes:

1. Únicamente verbal -   Poco interés

2. Uso único del pizarrón -   Mediano interés

Con proyector-   Mucho interés

Conclusión

Una actividad es más placentera para el alumno cuando es llevada a la realidad y a la puesta en práctica (en mi caso hice uso con los alumnos de la plastilina para representar las fracciones), este método de enseñanza (Del uso de material concreto) por parte de uno como maestro con los alumnos debe ser usado en todas las materias, no fue necesario que les pidiera más trabajo, la mayoría de mi grupo al término del ultimo tipo de forma en que les enseñe a sumar y restar fracciones, me pidió más operaciones para su realización.

¿Cómo saber si les gusta una actividad y hasta pidan más trabajo?

Observe en mi grupo en que materia presentan esta situación, observe el desempeño de mis alumnos en las materias de:

1. Español

2. Matemáticas

3. Entidad

4. Formación Cívica y Ética

5. Ciencias Naturales

Realice la observación y el registro, de las materias en las que piden más trabajo de Lunes a Viernes en lo cual los resultados fueron:

Días a la semana en los que pidieron trabajo de las siguientes materias:

1. Español: 2 días pidieron más trabajo

2. Matemáticas: : 5 días pidieron más trabajo

3. Entidad : 0 días pidieron más trabajo

4. Formación Cívica y Ética: 0 días pidieron más trabajo

5. Ciencias Naturales: 0 días pidieron más trabajo

La materia en la que solicitan los alumnos más trabajo es Matemáticas, el día Viernes observe y registre a que se debía, del tema "Suma y resta de fracciones" expuse el tema de 3 formas diferentes y de cada forma solicite a los alumnos me resolvieran 2 operaciones.

Forma de impartir la clase:

a) Verbal

(0 pidieron más trabajo)

b) Graficada

(7 pidieron más trabajo)

c) Uso de material concreto por el alumno

(18 pidieron más trabajo)

Conclusión

El uso de las TIC´S, en mi grupo es de gran apoyo ya que complementa su aprendizaje por medio de elementos (audiovisuales) y de igual forma, se responde a la interrogante, en la que de vez en cuando es bueno hacer uso de esta herramienta cuando se presente un grado mayor de distracción.

¿Influye lo que hablan los papas con sus hijos?

Se pretende conocer si hay una relación de la comunicación que tienen los papas con sus hijos con su conducta, aprendizaje y autocontrol.

Realice a los alumnos un cuestionario con las siguientes preguntas y los resultados fueron los siguientes:

1. *¿Tus papas tienen comunicación contigo diariamente?*

   Si – 20 alumnos (83%)
   No- 4 alumnos (17%)

2. *¿Tus papas te hablan sobre la importancia de asistir a clase?*

   Si – 17 alumnos (70%)
   No- 6 alumnos (30%)

3. *¿Tus papas te han hablado seguidos sobre tu futuro?*

   Si – 19 alumnos (79%)
   No- 5 alumnos (21%)

4. *¿Tus papas te han hablado sobre el respeto?*

   Si – 20 alumnos (83%)
   No- 4 alumnos (17%)

5. ¿*Repasas a diario en casa con alguien de tu familia lo que se vió en clase?*

Si – 16 alumnos (66.5%)
No- 8 alumnos (33.5%)

De acuerdo a las respuestas de los alumnos, los datos son los siguientes:

- En el 76.3% de alumnos, la comunicación de los papas está influyendo positivamente con sus hijos.

- En el 23.7. % de alumnos, la comunicación de los papas están influyendo negativamente con sus hijos

Conclusión

Los resultados arrojan que los alumnos con problemas de conducta, aprendizaje, problemas de autocontrol, basándome en los resultados del cuestionario, los padres de los hijos con los problemas mencionados, no tienen la suficiente comunicación con ellos, tal vez hay un grado de comunicación, pero no de temas que son fundamentales para el desarrollo del niño como el respeto, los valores, la importancia de asistir a clase, el futuro del niño, etc. Están influyendo de forma negativa con sus pupilos.

Se finaliza concluyendo que repercute escolarmente la comunicación constante que tenga mamá-papá con sus hijos.

Nota: Las notas del diario de campo, están implícitas en todo el trabajo realizado.

(TERCERA SEMANA)

REVISIÓN TEÓRICA.

Referente al tema "El interés de los alumnos dentro del aula" se encontró en Google un artículo que lleva por nombre: "La importancia de motivar el interés en nuestros alumnos" Belver, Carlos Darío. De donde se extrajo la siguiente información relevante en cuanto a nuestra investigación:

Sabemos que la atención de una persona a la que se le habla puede ser volátil según el tema del que hablemos, de la forma en que lo hacemos, el lenguaje que utilizamos, nuestro modo gestual, la posición física que adoptemos e incluso el momento en que queremos comunicar algo (Belver, Carlos Darío)

La cantidad y calidad en los contenidos que se brindan en el proceso de aprendizaje de los alumnos y las formas en que el docente enseña son condiciones para el procesamiento de ideas y producción de nuevos conocimientos.

Lo primero que debemos lograr en el alumno es su atención, el prestar atención podemos definirlo como una actividad humana, como señala (Vigotsky)

Si bien sabemos que el éxito de una clase depende en gran parte de las estrategias de enseñanza que despliega un docente

Una de las maneras de mantener la atención de los alumnos en el aula es lograr una buena relación entre los componentes de la tríada didáctica: conocimiento docente -alumno.

En la tríada didáctica se interrelacionan uno con el otro constantemente, no existe uno sin el otro. Sea tanto una educación formal como una educación no formal. Tanto en una como en otra influye lo subjetivo, creencias, cultura, experiencias, etc. las cuales deben respetarse y ser tenidas en cuenta por el docente, haciendo provecho de ellas. (Edith Lewin)

Si un grupo de alumnos siente la curiosidad sobre un tema o algo relacionado a un tema ya explicado es un buen signo de que estamos logrando el objetivo de la atención.

Lo que (David Perkins) denomina motivación intrínseca. Algunas de las herramientas que nos ayudan pueden ser: estar de pie cuando se explica el tema, moverse (no estar estático), mirar directamente a los alumnos para que sientan que es a ellos a quienes les hablamos, no apoyarse en la pared (que es un signo de aburrimiento), hablar en forma pausada y calmada, dar entusiasmo por lo que se explica, alentar al alumno en su práctica, escuchar las inquietudes, lograr la participación de los alumnos en el aprendizaje, usar formas diferentes para mostrar los temas a tratar, cambiar la distribución en el aula (siempre que se pueda) formando una U con los asiento-pupitres, con el propósito de lograr acortar la distancia para que los alumnos vean en el docente un guía y alguien en quien confiar. (Belver, Carlos Darío)

(CUARTA SEMANA)

CONCLUSIÓN GENERAL.

Una actividad es más placentera para el alumno cuando es llevada a la realidad y a la puesta en práctica.

El uso de las TIC´S, en mi grupo es una herramienta que complementa su aprendizaje por medio de elementos audio-visuales.

Influye benefactoramente la comunicación constante que tenga mamá-papá con sus hijos, teniendo un impacto positivo en su conducta, aprendizaje.

La cantidad y calidad en los contenidos que se brindan en el proceso de aprendizaje de los alumnos y las formas en que el docente enseña son condiciones para el procesamiento de ideas y producción de nuevos conocimientos.

El éxito de una clase depende en gran parte de las estrategias de enseñanza que despliega un docente.

Una de las maneras de mantener la atención de los alumnos en el aula es lograr una buena relación entre los componentes de la tríada didáctica: conocimiento docente –alumno.

ACCIÓN DOCENTE.

Con el propósito de asegurar el éxito en la implementación del plan, para mejorar la práctica en el aula, respecto al interés en clase de los alumnos, se enlistan a continuación: Pautas de acción docente con repercusiones motivacionales, del autor (Alonso Tapia, 1997a), que llevare a cabo en mi práctica docente con mis alumnos.

COMENTARIOS FINALES.

No coloca comentarios finales

7. "CONVIVENCIA ESCOLAR"

(PRIMERA SEMANA)

MARCO CONTEXTUAL

Mi centro de trabajo es la escuela primaria "Miguel Hidalgo", la cual se atienden dos grados: primero y segundo (puesto que es multigrado, en un horario de Tiempo Completo.

El primer grado lo cursan 8 niñas y 4 niños y, el segundo grado, 9 niños y 4 niñas, teniendo un total de 25 alumnos, los cuales oscilan en edades de entre 6 a 8 años.

Este es el grupo más numeroso de la escuela, y el salón nos acoge a todos y permite nuestra instancia en él, pues su tamaño está ah doc a la cantidad de personas que convivimos a diario allí dentro.

Mis niños son muy buenos, siempre que llego me saludan de mano, siempre que se van se despiden con un abrazo y un beso. Se esfuerzan en realizar sus actividades y echarle ganas siempre, pues también saben que sus papás están al pendiente de ellos.

Ha habido bimestres en los cuales han bajado de calificación, pues su conducta, la falta de cumplimiento de tareas y trabajos diarios, ocasiona que no generen más puntuación para su promedio y, sobre todo, la consecuencia es que en el examen batallan un poco a la hora d resolver alguna situación. Sin embargo, logran recuperarse en el siguiente, pues noto que sus padres hablan con ellos y les ponen el ejemplo de cumplir con sus obligaciones, además que hay muchas más y papás que se mantienen presentes, preguntando por ellos a diario, por las tareas, dejándolos en las clases de apoyo extra-clases, etc.

Además, las mamás se muestran participativas, pues asisten cada semana a leer un cuento a los niños y ellos se motivan al responder cuestionamientos o llevando a cabo alguna actividad que ellas les pongan, pues ven que es una manera de estar motivados en clase.

Un dato curioso es que, les encanta que, para poder salir a recreo o a sus casas (ya en la hora de salida), les siga sumas o restas que deben resolver oralmente, y el que vaya dando la respuesta correcta, va saliendo. Y por dato curioso me refiero a que antes no les parecía divertido hacer este tipo de actividades, pero de alguna manera se condicionan, pues es algo a lo que ya están impuestos y el día que por algún descuido o falta de tiempo no se hace, solitos me recuerdan: - ¡Maestra, díganos sumas para poder salir! -.

Igual con el dictado mañanero o el pase de lista... ¡NADA SE LES ESCAPA! Con ellos, sin duda, no hay nada que no pueda olvidar, porque son como un alarmita en mi celular, todo lo captan, lo comprenden, no lo olvidan. Son como unas esponjitas y me alegra saber que ponen atención en clase, que les gustan las matemáticas, que les gusta leer, que les lean y que comprenden la información, respondiendo a preguntas, etc.

Mis niños siempre están haciendo bromas; a todo le encuentran algo positivo, incluso cuando me enojo y lo regaño, y es inevitable no reírme, pues me ganan con su buen sentido del humor, aunque acepto que eso a veces no es bueno, porque algunos han querido "pasarse de listos", creyendo que porque hay confianza entre todos, ya pueden sobrepasar la autoridad del maestro, de ahí que se generen ciertos problemas de conducta, pues, cuando un niño comienza a ponerse inquietos, pareciera que fuera manda seguirle el "juego". Algunos se ponen a platicar, a jugar, a correr incluso por el salón, y es cuando el grupo se descontrola, aunque sólo algunos, como por ejemplo Maytee, Víctor y Gustavo, los cuales se paran, platican, "molestan" a algún compañero, los regañan, etc.

Por otra parte, hay alumnos que no conviven tanto con el resto, como por ejemplo Flor, Xiomara, Fabiola (que tiene problemas de lenguaje), Kenia, Alan y Cristopher, pues permanecen callados, a veces como si estuvieran en "otro planeta"; en el recreo no se juntan con alguien y, si lo hacen, después vienen los problemas, pues comienzan a decir que no los dejan jugar o que les pegaron. En el caso de otro alumnos, al principio del ciclo escolar los notaba serios, apáticos, pero con el trato diario fueron tomando confianza en sí mismos, pues a mí me gusta que se sientan a gusto en el salón, libres de expresarse positivamente, y ahora hasta sonríen en las fotos, juegan, platican sus experiencias en casa y eso me da alegría pues o se trata sólo de impartirles clase si no de ser su amiga, su mamá, su doctora, psicóloga, etc. Y sí, de esas y mil formas más me llaman, no sólo "maestra".

Es decir, por una parte, los niños han tomado confianza en sí mismo, pero también el grupo suele hacer divisiones entre ellos, creando ciertos grupitos y limitando a los demás a juntarse con ellos, tanto fuera como dentro del salón. Y eso que la mayoría son primos, pues todos en el rancho son familiares, pero no están acostumbrados a convivir de forma sana y pacífica, pues su nivel de confianza suele ser a veces tan alto que, eso mismo genera problemas, como peleas, golpes, gritos, etc.

El primer grado lo cursan 8 niñas y 4 niños y, el segundo grado, 9 niños y 4 niñas, teniendo un total de 25 alumnos, los cuales oscilan en edades de entre 6 a 8 años.

Este es el grupo más numeroso de la escuela, y el salón nos acoge a todos y permite nuestra instancia en él, pues su tamaño está ah doc a la cantidad de personas que convivimos a diario allí dentro.

Mis niños son muy buenos, siempre que llego me saludan de mano, siempre que se van se despiden con un abrazo y un beso. Se esfuerzan en realizar sus actividades y echarle ganas siempre, pues también saben que sus papás están al pendiente de ellos.

Ha habido bimestres en los cuales han bajado de calificación, pues su "mala" conducta, la falta de cumplimiento de tareas y trabajos diarios, ocasiona que no generen más puntuación para su promedio y, sobre todo, la consecuencia es que en el examen batallan un poco a la hora d resolver alguna situación. Sin embargo, logran recuperarse en el siguiente, pues noto que sus padres hablan con ellos y les ponen el ejemplo de cumplir con sus obligaciones, además que hay muchas más y papás que se mantienen presentes, preguntando por ellos a diario, por las tareas, dejándolos en las clases de apoyo extra-clases, etc.

Además, las mamás se muestran participativas, pues asisten cada semana a leer un cuento a los niños y ellos se motivan al responder cuestionamientos o llevando a cabo alguna actividad que ellas les pongan, pues ven que es una manera de estar motivados en clase.

Un dato curioso es que, les encanta que, para poder salir a recreo o a sus casas (ya en la hora de salida), les diga sumas o restas que deben resolver oralmente, y el que vaya dando la respuesta correcta, va saliendo. Y por dato curioso me refiero a que antes no les parecía divertido hacer este tipo de actividades, pero de alguna manera se condicionan, pues es algo a lo que ya están impuestos y el día que por algún descuido o falta de tiempo no se hace, solitos me recuerdan: - ¡Maestra, díganos sumas para poder salir! -.

Igual con el dictado mañanero o el pase de lista... ¡NADA SE LES ESCAPA! Con ellos, sin duda, no hay nada que no pueda olvidar, porque son como un alarmita en mi celular, todo lo captan, lo comprenden, no lo olvidan. Son como unas esponjitas y me alegra saber que ponen atención en clase, que les gustan las matemáticas, que les gusta leer, que les lean y que comprenden la información, respondiendo a preguntas, etc.

Mis niños siempre están haciendo bromas; a todo le encuentran algo positivo, incluso cuando me enojo y los regaño, y es inevitable no reírme, pues me ganan con su buen sentido del humor, aunque acepto que eso a veces no es bueno, porque algunos han querido "pasarse de listos", creyendo que porque hay confianza entre todos, ya pueden sobrepasar la autoridad del maestro, de ahí que se generen ciertos problemas de conducta, pues, cuando un niño comienza a ponerse inquietos, pareciera que fuera manda seguirle el "juego". Algunos se ponen a platicar, a jugar, a correr incluso por el salón, y es cuando el grupo se descontrola, aunque sólo algunos, como por ejemplo Maytee, Víctor y Gustavo, los cuales se paran, platican, "molestan" a algún compañero, regañan a otros, etc.

Por otra parte, hay alumnos que no conviven tanto con el resto, como por ejemplo Flor, Xiomara, Fabiola (que tiene problemas de lenguaje), Kenia, Alan y Cristopher, pues permanecen callados, a veces como si estuvieran en "otro planeta"; en el recreo no se juntan con alguien y, si lo hacen, después vienen los problemas, pues comienzan a decir que no los dejan jugar o que les pegaron.

En el caso de otros alumnos, al principio del ciclo escolar los notaba serios, apáticos, pero con el trato diario fueron tomando confianza en sí mismos, pues a mí me gusta que se sientan a gusto en el salón, libres de expresarse positivamente, y ahora hasta sonríen en las fotos, juegan, platican sus experiencias en casa y eso me da alegría pues o se trata sólo de impartirles clase, si no de ser su amiga, su mamá, su doctora, psicóloga, etc. Y sí, de esas y mil formas más me llaman, no sólo "maestra".

Es decir, por una parte, los niños han tomado confianza en sí mismos, pero también el grupo suele hacer divisiones entre ellos, creando ciertos grupitos y limitando a los demás a juntarse con ellos, tanto fuera como dentro del salón. Y eso que la mayoría son primos, pues todos en el rancho son familiares, pero no están acostumbrados a convivir de forma sana y pacífica, pues su nivel de confianza suele ser a veces tan alto que, eso mismo genera problemas, como peleas, golpes, gritos, etc.

DELIMITACIÓN DEL TEMA.

En nuestro salón, la mayoría de mis niños son primos. Todos se conocen, son vecinos, juegan por las tardes, van juntos a los partidos con sus papás y, sin embargo, su comportamiento a veces no suele ser positivo, pues el hecho de que se conocen demasiado y se tengan mucha confianza, ha generado situaciones problemáticas que afectan a unos cuantos.

Durante nuestra instancia en el salón, hay niños que son muy traviesos, que comienzan siempre el desorden, como por ejemplo Maytee, que se la pasa regañando a todos, platicando, jugando, es muy inquieta y siempre quiere mandar, sentirse superior a los demás. Tal como lo es Víctor, muy travieso, platicador, suele inventar respuestas para escabullirse de los castigos. Por otro lado, Gustavo, él quiere tener el control, ser el que termine primero todo, que todos le hagan caso y, si no es así, hace berrinche y llora.

Estos niños generan mayor desorden y su conducta, a diario, es deficiente, y no permiten que la convivencia en el grupo sea pacífica, pues menosprecian a algunos alumnos, no los dejan jugar, no comparten los balones o el espacio de juego, etc. Y, de ahí, el resto de los niños, basados en ese ejemplo que ellos les dan, también se comportan discriminativos, egoístas, porque bien dicen que es la edad donde más egocéntricos son.

Pero también hay niños que son lo contrario a los anteriores, que no hablan, participan poco, que andan solos por la escuela y que prefieren trabajar solos que trabajar con los demás, porque dicen que son desordenados o groseros. Como por ejemplo, Cristopher, que es muy reservado, serio y propio; Kenia que es muy tímida e insegura; Flor, que es poco

151

comunicativa; Alan, que es poco amistoso; Fabiola, que es muy amigable y le gusta bailar, pero nadie se quiere juntar con ella porque tiene problemas de lenguaje; Xiomara, porque es muy pequeña (la más baja de estatura), dicen todos.

Con base en esto, nuestra convivencia diaria pasa a ser un poco "turbia", pues hay ocasiones en las que se generan peleas o discusiones entre algunos niños, y sin antes decirme a mí, ellos toman la decisión de hacer justicia por su propia mano, "regresándoles" el golpe o las palabras que el otro compañero les dio/dijo y, como no están acostumbrados a trabajar verdaderamente en equipo, les cuesta mucho poder compartir y llevarse bien la mayoría de las veces.

Lo que ellos no comprenden es que, esas actitudes interrumpen su proceso de aprendizaje y, por ende, obstaculizan el de enseñanza, pues no permiten que en ocasiones las actividades se lleven a cabo tal y como deben ser, generando también cambios en la evaluación.

PREGUNTAS DE INVESTIGACIÓN.

1. ¿Por qué a pesar de ser primos no se llevan mayormente bien?

2. ¿Por qué Maytee se la pasa regañando a todos?

3. ¿Por qué Víctor inventa falsas acusaciones (mentiras) para evitar un castigo?

4. ¿Por qué Gustavo se considera el líder del grupo?

5. ¿Por qué, Mayte, Víctor y Gustavo generan el desorden en el grupo?

6. ¿Por qué hay niños, como Cristopher, Alan, Kenia, Fabiola, Xiomara y Flor, en el grupo que son muy retraídos o no son aceptados por el resto?

7. ¿Por qué algunos alumnos prefieren hacer "justicia por su propia mano"?

8. ¿Qué tanto afecta la convivencia entre los alumnos en el proceso de enseñanza-aprendizaje y en el de la evaluación?

(SEGUNDA SEMANA)

TRABAJO DE CAMPO.

Para darle respuesta a las preguntas de investigación, se aplicaron diversos instrumentos, técnicas y actividades, realizadas principalmente en la escuela y/o aula de clase, para acopiar y archivar evidencias.

Algunas de las actividades, ideas, técnicas, estrategias, acciones, que fueron útiles, como referencia, para el trabajo de campo, son las siguientes:

- Observación directa (bitácora/diario de campo)

- Socio-grama (para visualizar vínculos entre los alumnos)

- Entrevista a alumnos

- Entrevista a padres de familia

- Juegos para observar las formas de socialización

- Transversalidad con la asignatura de Formación Cívica y Ética (experimentos para conocer las reacciones de los alumnos ante diferentes circunstancias)

Las anteriores actividades, ideas, técnicas, estrategias, acciones, se describen a continuación, teniendo como punto final, la respuesta a las preguntas de investigación planteadas en la unidad 1, las cuales se encuentran contenidas en las últimas páginas del presente documento.

Nota: Algunas de las actividades tienen fecha de semanas anteriores, pero se retomaron para la investigación pues, su aplicación, tiene relación con el propósito del trabajo de campo realizado.

EVIDENCIA 1

OBSERVACIÓN / DIARIO DE CAMPO

Con base en las preguntas de investigación, retomé las observaciones diarias hacia los alumnos, enfocando mi atención a la convivencia generada en el aula y fuera de ella. Así bien, hago hincapié en las conductas que reflejan mis niños al momento de jugar, trabajar en clase, etc. Cada alumno presenta características únicas al interactuar, la mayoría mantiene interacción con un grupo específico, juegan básquet en receso, platican entre clases, cuentan chistes, almuerzan juntos en el área de desayunos, etc.

Sin embargo, hay alumnos que mantienen interacciones que suelen ser agresivas, pues se gritan, se pelean, se empujan, como por ejemplo Víctor, Maytee y Gustavo, los cuales siempre quieren ser los que lideran, los que tienen el balón, los que regañan a los demás. En consecuencia, el resto de los alumnos se quejan de esas actitudes, diciéndome lo que les hacen y es cuando se toman medidas: se les impone un castigo o se platica con ellos. Estos alumnos prometen portarse bien, pero al día siguiente se les observa igual, con las mismas actitudes.

Por otro lado, hay niños que son retraídos, que andan solos, como Cristopher, Kenia, Alan, Fabiola, Xiomara, Flor y Josué. A ellos los observo distraídos, generando poca convivencia, con cara seria. Son alumnos a los que sus mamás les llevan lonche a la escuela, almuerzan con ellas a través de la cerca de la escuela y terminando ingresan al salón, diciendo que no quieren salir a jugar, porque no quieren o porque no los dejan los demás.

Cuando los niños salen a jugar, siempre están en la cancha jugando futbol o básquet, o a un costado del salón, jugando canicas. Las niñas andan por toda la escuela paseando, tomadas de la mano. Durante clases, platican, se levantan a pedir algo, no les gusta trabajar en equipo o se niegan a trabajar con ciertas personas, por cuando hacemos actividades lúdicas tratan de organizarse lo mejor posible para llevar a cabo las tareas.

EVIDENCIA 2

TABLA SOCIO-MÉTRICA / SOCIO-GRAMA

A/E	ALUMNADO ELEGIDO																											
	1	2	3	4	5	6	7	8	9	10	11	12	13	14	15	16	17	18	19	20	21	22	23	24	25	26	27	28
1															x													
2				x	x										x													
3				x					x							x												
4				x														x						x				
5		x													x			x										
6				x										x				x										
7							x											x	x									
8				x				x																				x
9	x			x																x								
10																	x											
11		x															x	x										
12		x													x					x								
13				x																x	x							
14							x											x						x				
15							x											x							x			
16	x			x							x																	
17		x										x								x								
18										x				x														
19				x			x						x															
20				x			x											x										
21	x			x	x																							
22																												
23		x										x						x										
24	x			x									x															
25							x											x										

Tabla de resultados de la votación de los alumnos electores por los alumnos elegidos.

ALUMNOS LÍDERES	NÚMERO DE ELE CCIONES
AGUILAR CASTILLO DANIEL	10
HERNÁNDEZ MARTÍNEZ ROCÍO	6
HERNÁNDEZ JUÁREZ VÍCTOR	5
HERNÁNDEZ GONZÁLEZ GISSEL	5
ALVARADO ORTIZ DANIA YAZIRETH	4
MENDOZA HERNÁNDEZ GUSTAVO ALEXANDER	4
TORRES HERNÁNDEZ MAYTEE	4

Número de elecciones, lo cual originó la identificación de los alumnos líderes del grupo.

ALUMNOS EXCLUÍDOS	NÚMERO DE ELECCIONES
TORRES HERNÁNDEZ JOSUÉ	1
AGUILAR MOCTEZUMA ALAN	1
PAZ MOCTEZUMA FABIOLA	1
ZAMORA HERVERT FLOR ALHELI	1
RUBIO SEGURA CRISTOPHER	0
RUBIO CASTILLO XIOMARA GUADALUPE	0
MUÑOZ GONZÁLEZ KENIA YUSELI	0

Número de elecciones, lo cual originó la identificación de los alumnos excluidos del grupo.

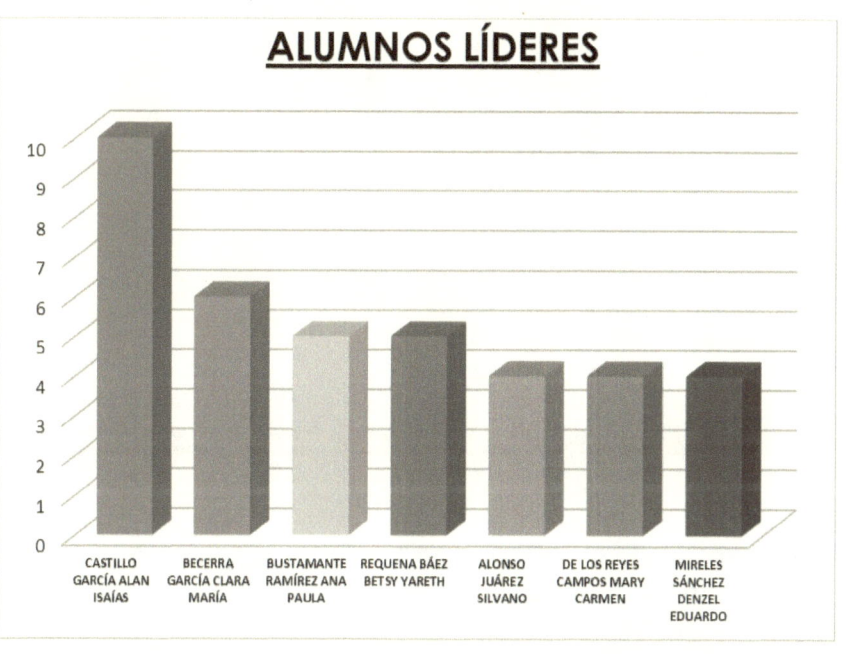

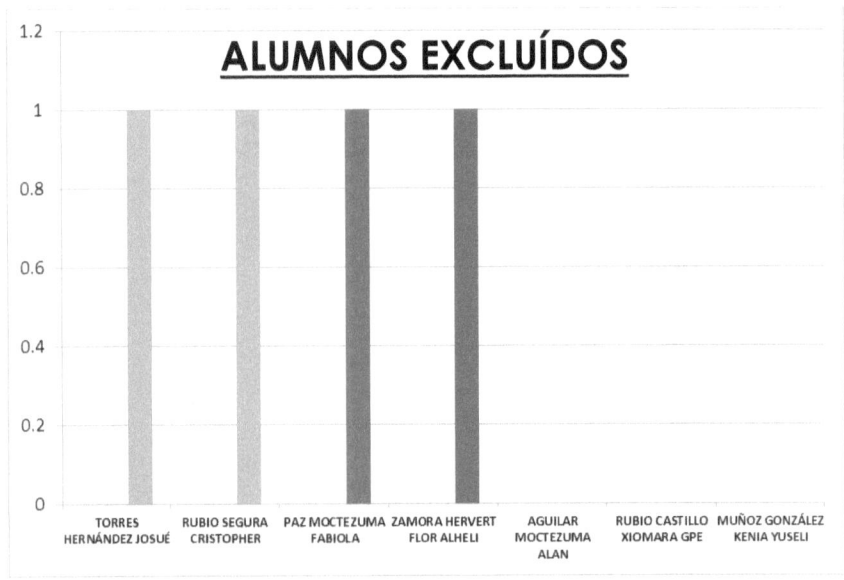

Gráficas de resultados de los alumnos líderes y los alumnos excluidos, con base en el número de votos.

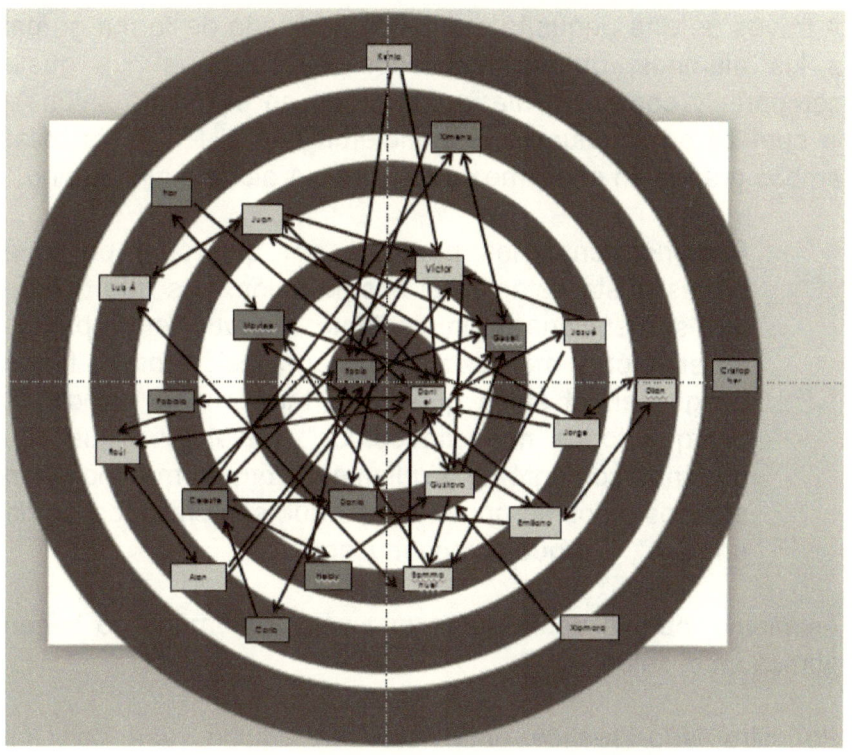

Análisis e interpretación del socio-grama (representación gráfica – diagrama).

Simbología

Niñas del grupo.

Niños del grupo.

Alumnos que no recibieron elecciones.

Alumnos que no recibieron ni hicieron elecciones.

Alumnos se eligieron mutuamente.

Alumnos que eligieron a otro.

EVIDENCIA 3

A través de una pequeña entrevista realizada de forma grupal a los alumnos, obtuve resultados acerca de si les gusta compartir y convivir a diario con todos en el mismo salón, a lo cual 24 de 25 alumno respondieron que sí les gusta estar ambos grados en el mismo salón, y sólo 1 alumna dijo que no.

Posteriormente, les pregunté por qué sí y por qué no les gusta estar en el mismo salón. Los que dijeron que si mencionaron lo siguiente: "Porque tengo primos en el salón y me gusta jugar con ellos", "Porque tengo amigos en el salón que viven también por mi casa", "Porque todos nos conocemos". La alumna que dijo que no, comentó lo siguiente: "Porque me molestan algunos niños de primero", "Porque son chiflados los de primero", "Porque somos muchos".

Asimismo, obtuve datos sobre que sólo 3 alumnos no tienen primos en el salón.

Por otro lado, realicé entrevistas en equipo, una con los alumnos más retraídos del salón y otra con los más inquietos, por lo cual obtuve la siguiente información:

- ENTREVISTA CON FLOR, KENIA, ALAN, FABIOLA, CRISTOPHER, XIOMARA, JOSUÉ

¿Cómo te llevas con tus compañeros del salón? ¿Por qué? "Bien" (respondieron los 7 alumnos).

¿Por qué no te juntas con tus compañeros? "No son mis amigos", "porque a veces no quieren jugar conmigo", "porque me voy a comer con mi mamá", "porque me dicen cosas".

¿Te gusta más estar solo o acompañado? "Solos" (respondieron los 7 niños).

¿Te has peleado o discutido? ¿Qué te han hecho tus compañeros? ¿Por qué? ¿Cómo has resuelto esos problemas? "Me dicen cosas, me han ahorcado, me encajaron un lápiz, me aprietan, me gritan, me jalan el cabello".

¿Cómo te has sentido con todo eso que pasa? "Mal, porque nos duele lo que nos hacen y no nos gusta", "No nos podemos defender".

- ENTREVISTA CON GUSTAVO, VÍCTOR Y MAYTEE.

¿Cómo te llevas con tus compañeros del salón? ¿Por qué? "A veces mal", "a veces bien".

¿Te has peleado o discutido? "Sí".

¿Qué te han hecho tus compañeros? "Me molestan", "me pegan patadas", "me dicen cosas".

¿Qué les has hecho? "Decirles cosas", "pegarles", "meterles el pie", "gritarles", "querer mandarlos".

¿Por qué? "Porque ellos también nos molestan y nos defendemos".

¿Cómo has resuelto esos problemas? "Les pido disculpas", "les pido las cosas por favor", "les pido perdón". "A veces les regreso lo que me hacen, o sea si me pegan les pego, si me gritan, les grito, si me dicen cosas, yo también".

¿Cómo te sientes al respecto? "Mal, porque no está bien portarnos así. Tenemos que ser amigos todos".

EVIDENCIA 4

CHARLA CON PADRES DE FAMILIA

Para recabar información más real sobre el comportamiento de los alumnos, tuve una charla con los padres de familia, una con los de los alumnos denominados serios, y otra con los alumnos denominados inquietos.

En la primera, los padres hacen referencia a que sus hijos son serios y reservados en casa, que siguen las normas o reglas, que no les gusta meterse en problemas, que les cuentan con lo que pasa en la escuela y les dicen si alguien los molesta. Pero mencionan que para ellos es natural su comportamiento, pues así han sido siempre.

Por otra parte, los padres de familia de los alumnos denominados inquietos, expresan que en ocasiones en casa pelean, que de repente dicen "maldiciones", pero que también les prometen portarse bien y que a veces lo cumplen, por el hecho de recibir algún premio. Admiten que los regañan, pero que los consienten y que probablemente tomen de ejemplo situaciones que viven en casa, porque en ocasiones como mamá los regañan pero los papás los dejan hacer lo que quieren, o viceversa, pero que esperan que modifiquen su actuar, pues están en la edad de corregir comportamientos.

EVIDENCIA 5

JUEGOS PARA OBSERVAR LAS FORMAS DE SOCIALIZACIÓN

Las siguientes actividades fueron retomadas de las Líneas de Tiempo Completo, en este caso la denominada "Leer y escribir". La primera se llamó "Carrera de amigos", con el fin de identificar datos acerca de los niños para presentarse entre sí y conocer las características afines que tienen para lograr una mejor convivencia.

Esta actividad fue retomada como inducción a nuevas actividades de recreación con los alumnos.

La siguiente actividad se derivó de la línea de Tiempo Completo "Vivir Saludablemente", denominándose "Conociendo amigos" (parecida a la primera). Esta pretendió que los alumnos identificaran a sus compañeros por sus nombres, gustos, intereses, preferencias, coincidencias para que se relacionaran entre sí y convivieran como grupo.

La penúltima actividad fue tomada también de la línea de Tiempo Completo "Vivir Saludablemente", por su transversalidad con la investigación, utilizando la ficha "Confía y te guío". Tal ficha trata de identificar el significado de la confianza y la importancia de relacionarse de manera respetuosa, a través de juegos de interacción social, la seguridad, la confianza y la responsabilidad.

La última actividad, retomada de la misma línea "Vivir saludablemente", se conoce como "Yo opino que… hay que prevenir". Su finalidad se basa en identificar la importancia de comunicarse, organizarse y colaborar con el resto de compañeros, para tomar acuerdos en común en relación con la prevención.

De igual manera, se aplicaron juegos como las loterías y rompecabezas, para observar cómo interactúan los alumnos arrojando que, cuando son actividades lúdicas, les es más fácil ponerse de acuerdo para convivir, aunque a algunos les gusta jugar más con otra lotería o juego que con otro.

EVIDENCIA 6

TRANSVERSALIDAD CON LA ASIGNATURA DE FORMACIÓN CÍVICA Y ÉTICA (EXPERIMENTOS PARA CONOCER LAS REACCIONES DE LOS ALUMNOS ANTE DIFERENTES CIRCUNSTANCIAS)

La siguiente evidencia se basa en la transversalidad con la asignatura de Formación Cívica y ética, enfocada al establecimiento de normas de clase, así como dar soluciones ante ciertas situaciones que es necesario resolver sin usar la violencia y, su opinión sobre lo que les gustaría que ocurriera para convivir mejor.

RESPUESTA A LAS PREGUNTAS DE INVESTIGACIÓN

- ¿Por qué a pesar de ser primos no se llevan mayormente bien?

  Porque existe tanta confianza entre ellos que, ya es costumbre llevarse como lo hacen y consideran que sus interacciones son sanas, porque en casa no les han inculcado el verdadero valor de la convivencia, o lo hacen, pero bajo el condicionamiento.

- ¿Por qué Maytee se la pasa regañando a todos?

  Porque, como menciona su mamá, suele retomar actitudes que observa n casa y, como ve que a ella la mandan, ella quiere hacer lo mismo con el resto de las personas.

- ¿Por qué Víctor inventa falsas acusaciones (mentiras) para evitar un castigo?

  Definitivamente, lo hace para evadir su culpa o castigo, pues es así como se escabulle en casa, ya que la mamá lo regaña pero el papá es el que le permite comportarse como desea.

- ¿Por qué Gustavo se considera el líder del grupo? Porque, como es hijo único, está acostumbrado a recibir toda la atención posible en casa y, por ende, quiere que suceda lo mismo en la escuela.

- ¿Por qué, Mayte, Víctor y Gustavo generan el desorden en el grupo?

  Porque se sienten "acosados", porque dicen que los demás niños los molestan diciéndoles cosas, por ejemplo, y es como su manera de defenderse ante ellos.

- ¿Por qué hay niños, como Cristopher, Alan, Kenia, Fabiola, Xiomara y Flor, en el grupo que son muy retraídos o no son aceptados por el resto?

  Porque así han sido educados en casa, bajo normas donde ser tranquilos es la mejor manera de evitar problemas.

- ¿Por qué algunos alumnos prefieren hacer "justicia por su propia mano"?

  Porque es el ejemplo que reciben fuera de la escuela y consideran que es mejor actuar rápido a pensar pacientemente qué hacer antes de tomar ciertas decisiones.

- ¿Qué tanto afecta la convivencia entre los alumnos en el proceso de enseñanza-aprendizaje y en el de la evaluación?

  Afecta de forma considerable, pues se dan cuenta que es necesario convivir en armonía para poder llevar a cabo todas sus actividades, y que es mejor expresar lo que sienten para así poder tomar las medidas necesarias y modificar las situaciones que vayan por un rumbo que no beneficie a nadie en el juego o las tareas escolares.

(TERCERA SEMANA)

REVISIÓN TEÓRICA.

Con base en el tema elegido para la investigación y en las preguntas que se derivaron del mismo, se realizó una revisión teórica que contribuye a sustentar el problema de investigación identificado en el aula: "La convivencia grupal/escolar".

Tal problemática es enfatizada por el autor Benites (2011), el cual da su definición de convivencia, que es necesario resaltar para identificar las características de la misma y por eso menciona que:

"La convivencia constituye para los seres humanos una práctica de relaciones interpersonales que modula una manera y una forma de vivir en sociedad. Convivir para vivir es un reto en la vida de las personas, nuestras experiencias vitales de socialización se inician en el seno de nuestra familia, conviviendo con nuestros padres, hermanos etc., allí vamos construyendo y desarrollando nuestras primeras habilidades intrapersonales e interpersonales y configurando nuestra actitudes, prejuicios y valores. Posteriormente la escuela se convierte en nuestro nuevo contexto de interacción y convivencia con otras personas, dimensiones, exigencias y objetivos" (pp. 144-145).

Así bien, desde esta perspectiva, se hace mención de que en la escuela es donde el individuo, en este caso el niño, comienza a descubrir todas las relaciones que ha de establecer con el resto de compañeros y maestros. Sin embargo, estas relaciones se tornan negativas cuando no se crea el ambiente adecuado para que los alumnos interactúen y, por ende:

"La ocurrencia de problemas de convivencia en las escuelas relacionados con casos cada vez más reiterativos de violencia, acoso y maltrato de la que son objeto los alumnos (dados a conocer últimamente por diferentes medios de comunicación), han cuestionado no sólo la seguridad y el tipo de relaciones interpersonales que se vive en ellas sino también han puesto en tela de juicio la calidad de nuestro sistema educativo" (Benites, 2011, p. 144).

Lo anterior, como expresa el autor, hace que este tema de poca fe a la calidad del sistema educativo, siendo que, el maestro no es el total encargado de la vida de los alumnos ni de su actuar, más si el guía para formarlos como buenos ciudadanos, pese a las influencias externas. Por lo tanto:

"Un ambiente diseñado para educar que fomente el aprender tiene que trascender los problemas y conflictos que inevitablemente han de ocurrir en toda situación en la que se encuentran involucradas personas o grupos de personas de diferentes edades, sexo, condición social, roles, funciones, etc. que tienen que vivir juntos por muchas horas y por mucho tiempo" (Benites, 2011, p. 151).

Por ende, la forma de convivir se ha de aprender en el espacio donde se interactúe, por ejemplo, en la escuela, porque los alumnos comparten la vida con otros y para eso se deben establecer lineamientos porque:

"Conseguir un ambiente favorable para la convivencia está íntimamente relacionado con un conjunto de acciones a realizar tanto en la escuela como en el salón de clases; los procesos y normas de disciplina, orden y control se deben de sustentar en una organización educativa sustentada en su realidad y que promueva un clima escolar democrático y de aula proactiva" (Benites, 2011, p. 151).

De acuerdo con esto, lo más idóneo es el generar un clima escolar positivo, pues es una prioridad educativa para el buen desenvolvimiento del alumno y este *"está íntimamente relacionado con un conjunto de acciones a realizar tanto en la escuela como en el salón de clases; los procesos y normas de disciplina, orden y control se deben de sustentar en una organización educativa sustentada en su realidad y que promueva un clima escolar democrático y de aula proactiva"* (Benites, 2011, p. 151). De no ser así, se corre el riesgo de alterar o dificultar el clima de convivencia en la escuela, a través de diversos factores *"entre los más comunes tenemos a la agresividad y violencia escolar, la disrupción en al aula, el estrés docente, la falta de autoridad, el autoritarismo y la desmotivación del alumno y el rechazo a los contenidos"* (Benites, 2011, p. 153). Razones que provocan un cambio en la actitud de los estudiantes y que conflictúan la convivencia diaria.

Así bien, para el logro de una sana convivencia escolar, es fundamental reconocer que los niños llegan a la escuela llenos de experiencias que los hacen ser como son, y se asume que *"Todo aprendizaje en la escuela siempre tiene una historia previa, todo niño ya ha tenido experiencias antes de entrar en la fase escolar, por tanto, aprendizaje y desarrollo están interrelacionados desde los primeros días de vida del niño"* (Vygotsky citado por Carrera, 1979, p. 43).

De esta manera, se va involucrando a todas las personas y ámbitos en las cuales se desarrolla el educando, pues es primordial identificar las áreas de oportunidad del mismo y poder así accionar ante una situación problemática. Por ejemplo, un autor expresa que *"En el seno de la familia es donde los jóvenes aprenden la violencia en pocos casos, y se requiere, por consiguiente, un refuerzo educativo dirigido especialmente a los progenitores"* (Tuvilla, 2001, p.18).

No obstante, y pese a cualquier factor externo, se debe favorecer el respeto y la confianza, basados en la comunicación y responsabilidad mutua hacia cada persona con la que el alumno se relacione socialmente.

De este modo, el niño podrá identificar las acciones que debe realizar para desenvolverse con el resto porque *"necesitan apoyo y muestra de interés por su desarrollo personal por parte de los adultos y del personal de las instituciones, así como posibilidades de participación en la vida social"* (Tuvilla, 2001, p. 18), pues se requiere de diversos factores para establecer dinámicas coherentes de interacción, tomando en cuenta aspectos socio-afectivos, actitudes, condiciones materiales, etc., y poder así concretar los propósitos de convivencia.

De acuerdo a lo anterior, se establece el concepto de clima social, el cual *"se refiere a la percepción que los individuos tienen de los distintos aspectos del ambiente en el cual se desarrollan sus actividades habituales [...]"* (Arón y Milicic, 1999, citado por Arón y Milicic, 2000, p. 3), planteando así, dos tipos de climas: los nutritivos y los tóxicos, donde los nutritivos:

"Son aquellos que generan climas en que la convivencia social es más positiva, en que las personas sienten que es agradable participar, en que hay una buena disposición a aprender y a cooperar, en que los alumnos sienten que sus crisis emocionales pueden ser contenidas, y que en general contribuyen a que aflore la mejor parte de las personas" (Arón y Milicic, 2000, p. 4).

Por esto, se plantean factores que se relacionan con el mismo y que reflejan que, efectivamente se está generando uno de estos. Dichos factores son *"un ambiente físico apropiado, actividades variadas y entretenidas, comunicación respetuosa entre profesores y alumnos, y entre compañeros, capacidad de escucharse unos a otros, capacidad de valorarse mutuamente"* (Arón y Milicic, 2000, p. 3). Por otra parte, existen los climas tóxicos, en los cuales el alumno se desenvuelve de forma negativa, para lo cual Milicic plantea que:

"Son aquellos que contaminan el ambiente contagiándolo con características negativas que parecieran hacer aflorar

las partes más negativas de las personas. En estos climas, además se invisibilizan los aspectos positivos y aparecen como inexistentes [...], y las interacciones se tornan cada vez más estresantes e interfirientes con una resolución de conflictos constructiva" (Arón y Milicic, 2000, p. 4).

Dado lo descrito anteriormente, se establecen vías de solución a las problemáticas que afecten la convivencia en las aulas y la escuela, siendo las siguientes: conciliación, arbitraje y negociación. La conciliación plantea que:

"Ante un conflicto, se encuentran las partes y una tercera persona conciliadora, quien propone alternativas de solución. Cada una de las partes elegirá, entre las opciones brindadas, la más conveniente. En este sentido, podemos hablar de un protagonismo parcial de los involucrados" (Consejo General de Educación, 2008, p. 8).

En el arbitraje se manifiesta que *"un árbitro decide qué debe hacer cada parte ante el conflicto y éstas deben aceptar lo propuesto"* (Consejo General de Educación, 2008, p. 8). Sí bien, en la negociación, en la cual *"las partes son protagonistas en el momento de buscar la mejor solución para ambas. Esta intervención es informal, a través del diálogo se intenta llegar a un acuerdo sin la intervención de terceros"* (Consejo General de Educación, 2008, p. 8). Y, por último, la mediación, la cual:

Fue definida como el arte de promover acuerdos. Es un proceso voluntario en el cual un tercero imparcial, mediador, facilita la comunicación entre dos o más personas para que logren llevar adelante una negociación colaborativa y así llegar a un acuerdo satisfactorio para todos los participantes (Paillet y Amtutz, p. 5-6). A través de estas herramientas se permite que, en las escuelas, cada miembro interactúe de manera positiva, poniendo en práctica aspectos como los siguientes:

"La comunicación dialógica, el pensamiento crítico y creativo, la autoestima, la comprensión de sí mismo y la empatía, la

aceptación de la diversidad, las habilidades para identificar, comprender y analizar las situaciones de conflicto, la capacidad para transformar la realidad" (Consejo General de Educación, 2008, p. 7).

Todo esto, a cargo del docente, el cual identifica las causas que generan los conflictos y propone acciones para su resolución, tomando en cuenta las herramientas descritas anteriormente, por tal motivo se expresa que *"cada maestro, de manera intencional o inconsciente, está comunicando continuamente su forma de ver y entender el mundo, de valorar y entender las relaciones humanas, de apreciar el conocimiento y de conducir las situaciones de enseñanza"* (Fierro, 1999, p. 35), pues percibe y expresa su tarea como agente educativo y recuperando un conjunto de relaciones sociales, donde es probable que en los grupos más vulnerables exista distancia entre las prácticas de la familia y la escuela, y es un reto el reestablecer principios y significados característicos de su contexto.

En consecuencia, habrá alumnos que denoten seguridad y confianza y, por ende, crearán un clima social positivo; pero habrá otros que generen lo contrario, pues el conflicto no es ajeno a la convivencia y depende del trato, la educación del estudiante, sus valores, el cumplimiento de normas, la autorregulación, etc. Por ende, se requiere de una serie de mecanismos coherentes que inspiren la cultura de la paz para una sana convivencia en la escuela, por eso:

"La convivencia significa tanto la proximidad o la cohabitación con otras personas, como el hecho de que innumerables actividades de la vida cotidiana se realizan de manera conjunta. Una situación que tiene consecuencias positivas y negativas. Entre las primeras, se cuentan la socialización, el aprendizaje de las mismas normas para la buena convivencia y, en general, la consecución de objetivos personales indisolublemente ligados a los de otras personas. Por su parte, las consecuencias negativas, entre las que podemos

mencionar, por ejemplo, ofensas, agresiones y menosprecio hacia las personas, inciden en las mismas relaciones y en la buena convivencia, y pueden derivar en relaciones conflictivas" (*Curso de Mediación de Conflictos y Prevención de la Violencia y las Adicciones en Escuelas de Educación Básica, s/f*, p. 7).

En conclusión, "*la calidad de la convivencia educativa es un elemento decisivo en la configuración de la convivencia social, pues la comunidad educativa constituye un espacio único y privilegiado de formación y de ejercicio de la ciudadanía democrática*" (Tuvilla, 2001, p. 13), pues con cada alumno con el que se trabaje, es f7ndamental establecer vínculos sólidos que permitan reconocer su situación (cualquiera que esta sea) y detectar qué factores contribuyen a que actúe de tal manera (ya sea de manera retraída o agresiva), para así establecer acciones y darle seguimiento a las situaciones presentadas, a fin de favorecer el proceso de aprendizaje y enseñanza en las aulas y, en consecuencia, con el resto de la comunidad escolar.

(CUARTA SEMANA)

CONCLUSIÓN GENERAL.

Con base en el trabajo realizado para la investigación científica desarrollada, y gracias a los instrumentos, técnicas y autores que la sustentaron, se llega a la conclusión de que la convivencia es la forma más tangible de interacción entre las personas, y que para que esta sea favorable se debe crear un ambiente positivo que permita hacer uso de diversas herramientas para mediar los vínculos de interacción.

Además ha de ser necesario analizar la situación por la que atraviesan los alumnos para así poder identificar qué aspectos de su vida están afectando la situación escolar y tener de esta manera el conocimiento que permita aplicar acciones para la solución de cualquier problemática y, sobre todo, que se contribuya a la mejora de los procesos de enseñanza y aprendizaje dentro de los centros escolares.

Es decir, *la convivencia escolar es, sin duda, parte medular de cualquier proceso, pues de ella dependen las buenas relaciones entre personas y las calidad de los servicios educativos que los alumnos merecen.*

ACCIÓN DOCENTE.

Con base en los resultados de la investigación, se establece un plan docente que se planea emprender para mejorar la práctica propia en el aula, las accioes que se derivan para dicho plan son las siguientes:

- Vincularse con los alumnos de manera más directa y participativas, para así conocer más acerca de sus forma de ser.

- Aplicar tests que permitan valorar sus pautas de comportamiento.

- Hacer uso de materiales y actividades que promuevan el trabajo en equipo.

- Emplear actividades lúdicas para ayudar a mejorar los procesos de socialización.

- Hacer un acercamiento profundo con familiares de toos los alumnos y poder así conocer desde otra pérspectiva cómo son los niños y por qué.

- Aplicar la evaluación como medio para valorar su conducta y desempeño en la escuela.

- Innovar en cuanto a los contenidos, para que así los alumnos se involucren en las secuencias y se atraiga su atención y se olviden de generar situaciones de conflicto.

• Usar los incentivos cuando sea necesario, evitando acostumbrar a los alumos a este tipo de condicionamiento.

• Otorgar comisiones a los alumnos que requieren mantenerse ocupados o estar activos, para que se sientan seguros y comprometidos a cumplir con una misión.

• Permitir que los padres de familia interactúen en actividades sociales con el resto de padres y alumnos, para que así logren identificar situaciones favorecedoras y de alerta en cuanto a comportamientos, y dar ejemplo a sus hijos de cómo debe manteneese una sana convivencia con todos.

COMENTARIOS FINALES.

Sabemos que no podemos intervenir en la foma en cómo educan a nuestros alumnos en sus casas, pues cada familia emplea los valores de forma diferente. Sin emargo, es nuestra tarea generar un ambiente de confianza y paz en las aulas, para que sean ellos mismos los que analicen su situación dentro y fuera de ella, y sepan que hay buenas y malas acciones, y que en la escuela las moldean, con la finalidad de mantener una intracción sana, ya que es un espacio en el cual permanecen por horas y para muchos es su segundo hogar. Como docentes, es importante que día a día tengamos algo nuevo para los niños, porque de ello depende mucho su comportamirnto y desempeño y, con ello, la mejora de su aprendizaje y sus vínculos sociales.

REFERENCIAS

* Benites, L. *Convivencia escolar y calidad educativa.* (2011). Perú: Escuela profesional de psicología.

* Carrera, B., Mazzarella, C. (2001). *Vygotsky: Enfoque sociocultural.* Venezuela: Educere.

* *Curso de Mediación de Conflictos y Prevención de la Violencia y las Adicciones en Escuelas de Educación Básica (s/f)*

* Enredarse, programa para la convivencia educativa. Mediación escolar. (2008). Consejo General de Educación.

* Fierro, C. (1999). *Transformando la práctica docente.* Barcelona: Ediciones Paidós Ibérica.

* Milicic, N. y Arón, A. (1999). *Clima social escolar y desarrollo personal: Un programa de mejoramiento.* Editorial Andrés Bello, Santiago de Chile.

* Milicic, N. y Arón, A. (2000). *Climas sociales tóxicos y climas sociales nutritivos para el desarrollo personal en el contexto escolar.* Santiago de Chile. OMS (2002).

* Tuvilla, J. (2001). *Convivencia escolar y resolución pacífica de conflictos.* Consejería de Educación y Ciencia.

* Viveros, P. (2003) *Ambientes de aprendizaje. Una mejor opción para mejorar la calidad de la educación.* Universidad Euro Hispanoamericana.

8. "PARTICIPACIÓN DE LOS PADRES DE FAMILIA EN EL APRENDIZAJE"

(PRIMERA SEMANA)

MARCO CONTEXTUAL

Al recibir mi nombramiento fui asignada a un Jardín de Niños ubicado a la periferia de la ciudad de Nuevo Laredo, Tamaulipas.

El Jardín de Niños se encuentra específicamente al poniente de la Ciudad, el nivel socioeconómico que prevalece ahí es medio-bajo, la mayoría de los padres, tutores y/o integrantes de las familias de los alumnos poseen como límite de estudios la secundaria, por lo que se dedican al comercio informal o practican algún oficio para subsistir. Cabe mencionar que la mayoría de las familias de los alumnos son disfuncionales, algunos niños están a cargo de los abuelos, otros tienen solo a su mamá, algunos más viven con padres separados y solo una minoría vive en casa con sus padres y hermanos.

Aunado a lo antes descrito, confirmé estas características con lo que observo que sucede por los alrededores de la colonia en donde se encuentra la escuela; existen muchos puestos de comida rápida y ambulante, depósitos y tienditas, mecánicos, estéticas, ventas de garaje, paleterías, entre otros negocios. Algo que considero importante resaltar es que enseguida de la institución, cruzando la calle se encuentra un TAMUL (que significa "lugar de encuentro" en lengua huasteca, viene a ser un centro en donde se brinda apoyo a alumnos que requieren clases extra de Español, Matemáticas y Terapias de Convivencia Grupal), que comparte espacio con una plaza.

Haciendo mención a esta descripción, puedo decir que considero que el Jardín de Niños se encuentra en una zona geográfica urbana muy traficada y de peligro.

Afortunadamente este Jardín de Niños cubre las necesidades básicas que pueden demandarse a una institución pública de este tipo; cuenta con todos los servicios públicos para laborar cómodamente, como: aulas acondicionadas para trabajar con los niños y niñas, pavimentación, agua, drenaje y alcantarillado, luz eléctrica e internet.

Hablando acerca de los recursos humanos de la escuela, existe un buen equipo de trabajo; en el turno vespertino que es en el que laboro, solo se brinda el servicio educativo a 2 grupos de tercero y uno de segundo, por lo que solo somos 5 docentes (contando a la maestra de inglés) y el directivo, esto contribuye a que no demoremos en la toma de decisiones que se llevan a cabo en los Consejos Técnicos Escolares dentro de la institución, debido a que todas tenemos presentes los objetivos que queremos alcanzar antes de que nuestros alumnos concluyan su Primer Periodo en la Educación Básica.

Refiriéndome específicamente a mi grupo, puedo mencionar que los alumnos de 2° grado grupo "G" cuyas edades oscilan entre los 4 y 5 años se encuentran en un peso de alrededor de los 15 y 20 kg. midiendo entre 90 y 115 cm. la mayoría está en la estatura adecuada pero no tan bien nutridos, de esto me doy cuenta porque de los 20 niños y niñas que van, solo un 25% lleva comida hecha en casa o fruta, los demás llevan por lo general fritos, galletas y jugos, además, haciendo un censo acerca de lo que comen antes de llegar a la escuela, me di cuenta que por lo general, de los que alcanzan a comer antes de ir al Jardín de Niños, la mayoría almuerzan tarde, otros ni siquiera comen, y solo los mismos que llevan comida saludable son los que si comen bien antes de llegar.

A pesar de esta situación, me da mucho gusto ver más del 50% tienen un Nivel de Desempeño Satisfactorio, los alumnos son muy entusiastas, respetuosos, alegres y disciplinados, con frecuencia tienden a ayudarse mutuamente, ofrecen ayuda si observan que alguien la necesita sin importar si se juntan en el recreo o no, no se fijan en juntarse solo niñas con niñas o viceversa, platican mucho entre ellos, son muy participativos en la mayoría de las actividades, y cuando alguien está haciendo o diciendo algo que no consideramos correcto no tardan en expresar que no están de acuerdo, conocen las normas para tener una buena convivencia en el grupo, las respetan y las siguen.

A mitad de Ciclo Escolar, cuando yo llegué a atender este grupo, aproximadamente un 80% requería apoyo en el Campo Formativo de Pensamiento Matemático, en los dos Aspectos: Forma, Espacio y Medida y Pensamiento Matemático, por lo que me enfoqué en dar mayor importancia a este campo formativo, ya que además era la prioridad en la institución en general de acuerdo a la problemática que presentaron en el Consejo Técnico Escolar de Enero. Cabe mencionar que para el C.T.E. de Mayo estos resultados se han convertido en un 30% con Nivel de Desempeño Destacado y 50% Satisfactorio, el otro 20% sigue teniendo algunas dificultades.

El diagnóstico que hice de grupo lo tuve que inferir a partir de los documentos que había dejado la maestra anterior, tales como su planeación, los portafolios de los alumnos (as), los expedientes y de la observación que pude hacer durante las pocas actividades que pude ponerles en los primeros 4 días.

La primera impresión que tuve fue que la mayoría de los niños eran muy cohibidos y tímidos, que los presionaban mucho o que estaban acostumbrados a estar reprimidos, debido a que lloraban con facilidad por cualquier cosa y además eran muy dependientes, como si nadie de los adultos de los que estaban a cargo recordara que solo son niños y que para que ellos aprendan necesitan jugar, claro siempre teniendo en mente el objetivo del juego que vamos a proponerles. Esta es la manera en que ellos aprenden a esta edad, jugando, ya sea corriendo, saltando, caracterizándose, actuando, dramatizando, trabajando en equipo, pero sobretodo, manipulando materiales concretos.

Además, de ir dándome cuenta de sus personalidades, actitudes, carácter, gustos y necesidades, pude ir mostrando mi manera de trabajar, tanto a alumnos como a padres de familia.

Un aspecto del que me pude dar cuenta fue que, los padres de familia estaban acostumbrados a que sus hijos llevarán tareas en un cuaderno, tales como planas u otros ejercicios que ahora sabemos que ya no son una prioridad actualmente en nuestro Plan de Estudios, más sin embargo se notaba la aparente preocupación de ellos al momento explicarles que yo no llevaría tal ritmo de trabajo.

Para ello, tuve que convocar a una reunión de padres de familia, en la cual expliqué cómo observaba al grupo y cuál iba a ser mi forma de trabajo y por qué. Es decir, tuve que explicar a los padres un poco acerca de las Etapas de Desarrollo en la que se encontraban sus hijos, así como lo que era necesario trabajar para contribuir de la mejor manera en su desarrollo y aprendizaje de acuerdo a su edad, para que comprendieran porqué iba a tomar esa postura. Además comencé a dejar muy en claro que les aplaudía que se preocuparan por sus hijos y que era muy importante que ellos siguieran involucrándose, pero de otro modo, ya fuera cumpliendo con las comisiones que se asignaban en el grupo, los materiales o el tiempo que se pidiera, ya fuera para asistir a alguna actividad o para dedicarles a sus hijos en casa, ya que anterior a esa reunión había tenido dificultades para que los padres de familia ayudaran a hacer el aseo o en su defecto pagar para que una señora lo hiciera (ya que, esa era la dinámica que ya se manejaba desde que estaban con la maestra anterior, pues, como lo menciono con anterioridad, el personal del turno vespertino solo está conformado de maestras, no contamos con la ayuda de intendentes) por lo que es muy difícil hacer el aseo nosotras y llegar a tiempo a dirección por si hay avisos o cosas pendientes.

Al ser este un punto de preocupación para mí, lo expuse en la reunión, en donde recibí un comentario de una de las mamás diciéndome: "Ay maestra, y así va a ser, las que estamos aquí le aseguro que somos las mismas que cooperamos y somos las mismas que cooperamos en la escuela y somos las mismas que vamos a cumplir, de los demás padres ni vaya a esperar nada porque así son, están igual allá en la primaria...". A partir de ello creció mi preocupación al ver la poca disposición por la mayoría de los padres preguntándome ¿Por qué no piensan en el ejemplo y en la importancia que les están dando a sus hijos?.

DELIMITACIÓN DEL TEMA.

La falta de participación de los padres de familia ha sido una constante que me sigue preocupando pues ellos son el apoyo que tengo para incrementar o desarrollar habilidades, destrezas y aptitudes en los alumnos, esto también se los expliqué en la reunión que tuve con ellos, y al inicio muchos se vieron preocupados por diversos detalles en sus hijos, a lo que tomé cartas en el asunto y en Abril les di una serie de tareas a realizar y sugerencias a seguir para el receso vacacional, para monitorear su desarrollo y al mismo tiempo ayudar a que lograran realizar actividades básicas que todo niño debe realizar a esa edad.

Les dije que debían regresarme esas sugerencias para ver qué era lo que requeríamos seguir realizando para facilitar el aprendizaje, pero ya ha pasado más de un mes y ni siquiera tengo la mitad de las sugerencias de vuelta.

Este aspecto sigue inquietándome, ya que he realizado varias estrategias para involucrarlos y siguen siendo menos de la mitad los que responden de manera efectiva.

PREGUNTAS DE INVESTIGACIÓN.

1. ¿Por qué existe tanta falta de participación de los padres de familia sabiendo que son el apoyo que tiene la escuela para incrementar y desarrollar las habilidades, destrezas y aptitudes de los alumnos?

2. ¿Por qué no he tenido de vuelta las sugerencias que les di para trabajar durante el receso vacacional?

3. ¿Por qué no reportan avances de las orientaciones que les brindo?

4. ¿Por qué no se dan el tiempo para realizar las sugerencias que les ofrezco?

(SEGUNDA SEMANA)

TRABAJO DE CAMPO.

Al tener claro que los padres de familia son apáticos ante la responsabilidad que tienen para integrarse al equipo del trabajo colaborativo institucional, cubriendo las funciones que como padres les corresponde realizar con sus hijos, me enfoqué a indagar cuál es la razón por la cual sucede la problemática antes mencionada mediante una investigación de campo para detectar las situaciones diversas que engloban la apatía, abandono, desinterés o ignorancia.

Por medio de técnicas e instrumentos como la observación, censos, registros por medio de encuestas, entrevistas tuve a bien encontrar los motivos de esta realidad para tener una perspectiva más amplia acerca de las razones por las cuales se presenta esta situación. Y posteriormente diseñar estrategias de solución inmediata y aplicación de las mismas.

Por la situación laboral de los padres de familia (horarios de trabajo) me fue muy difícil atender a todos al mismo tiempo, por lo que destiné horarios en la hora de entrada y salida, según las necesidades de cada uno, para realizar diálogos individualizados y así poder profundizar acerca de la información brindada para dicha investigación.

Acerca de las entrevistas, solo pude recabar 10 de todas las que repartí, debido a que por la falta de tiempo que tenían los padres de familia, se llevaron las preguntas para responderlas en casa, mismas que no fueron devueltas por diversas situaciones, la más común fue porque los alumnos ya no fueron a la escuela. Por tal motivo me di a la tarea de realizar algunas llamadas telefónicas para preguntar acerca de la situación actual de algunos alumnos (debido a la poca asistencia que presentan) e incrementar el intercambio de información y a su vez mejorar la comunicación para favorecer las relaciones entre Padres de Familia y Escuela.

Analizando los datos que se recabaron en las encuestas que se aplicaron a los padres de familia, puedo sintetizar la siguiente información:

Un 70% de familias disfuncionales, padres y madres solteros, hogares sobrepoblados en espacios pequeños, con carencias económicas, preparación académica hasta el nivel de secundaria o preparatoria incompleta, horarios de trabajo variados y muy amplias jornadas de 10 y 12 horas, generalmente comerciantes, trabajadores de oficios y empleados de maquiladoras, motivo por el que se complica las realización de reuniones para orientaciones y sugerencias vivenciales de apoyo para la atención en la mejora de convivencia familiar, en donde se pretende encaminarlos principalmente en la concientización del conocimiento de la importancia de atender esta preciosa e importante edad temprana que presenta nuestro alumnado en donde es importante para cimentar valores, aprendizajes, conocimientos, saberes, manejo de emociones que esta edad, entre otras condiciones primordiales para contribuir al desarrollo integral como ser humano feliz, autónomo y útil para sí mismo así como para la sociedad.

El nivel de preparación académica de los padres de familia (o tutores) es de hasta secundaria y preparatoria, situación que dificulta la posibilidad de brindar el apoyo adecuado a las recomendaciones que se les brindan.

Debido al nivel socioeconómico familiar, es necesario que laboren durante jornadas más prolongadas de las que establece la ley constitucional, variando estas entre 10 a 12 horas diarias, motivo que la mayoría utiliza para argumentar que es muy difícil darles el apoyo a los alumnos en sus tareas.

Además de lo anterior cabe mencionar que las familias son muy numerosas por lo que la atención hacia ellos disminuye, al tener que distribuirse entre los demás integrantes de la familia, careciendo del cuidado que en esta etapa se necesita brindar, razón por la cual muchas de las sugerencias no tienen seguimiento.

(TERCERA SEMANA)

REVISIÓN TEÓRICA.

Referente al tema de investigación se encontró en Google un compendio de artículos y libros de apoyo para maestros de los cuales se hizo un filtro para elegir los más apropiados al tema, en los cuales destacaron: una guía y un manual para desarrollar la orientación familiar, un artículo de una psicóloga que habla al respecto y un libro que habla acerca de la importancia del apoyo familiar, de los cuales se extrajo la siguiente información.

"Es necesario esforzarse para promover la participación de todas las familias incluyendo a los grupos marginados.

Cuando los padres y madres reconozcan y asuman con responsabilidad su participación en las escuelas de sus hijos e hijas, un número considerable de barreras que enfrenta la escuela se eliminarán para propiciar ambientes más agradables que faciliten el aprendizaje de sus hijos e hijas." (S.E.G.S.L.P. p.35)

"La intervención familiar, como factor, era más importante que el estatus socioeconómico" (Walberg, 1984, citado por Guevara 1996)

"(…) Las relaciones entre las familias de clase trabajadora y las escuelas están caracterizadas por la separación. Estos padres creen que los maestros son los responsables de la educación de sus hijos." (Marjoribanks, 1994)

"Uno de los grandes problemas hoy en día, es que cada vez se toma menos en cuenta el rol de los padres en la vida familiar (…) los padres no muestran interés por falta de tiempo y los niños a causa de su soledad, pierden la motivación que surge en el hogar" (Valladares, 2010)

"(…) Razones por la que los padres no participan, y así poder desarrollar actividades que mejoren este involucramiento. Entre esas razones, estos investigadores encontraron: "el miedo de los padres a la escuela, la falta de tiempo y transportación de los padres, así como la vergüenza que sienten de su propio nivel educativo" (Blackfelner y Ranallo, 1998)

"Cinco maneras en que las escuelas intentan fomentar la participación de los padres en la educación: consideran las obligaciones básicas de la familia, y de la escuela, involucran a los padres en la escuela (para que ayuden a los maestros y a los niños voluntariamente), involucran a los padres en las actividades de aprendizaje (los maestros deben guiar a los padres para que éstos puedan ayudar a su hijo en las tareas), e involucran a los padres en la toma de decisiones y en la administración de la escuela (invitarlos a participar en la elaboración de normas de la escuela y en la formación de grupos de consejo de padres de familia)" (Lewis, 1992)

(CUARTA SEMANA)

CONCLUSIÓN GENERAL.

La mayoría de las familias disfuncionales o con carencias económicas presentan dificultades para organizarse y atender necesidades en el aprendizaje de sus hijos (as), así como para apoyarlos en sus tareas.

La vida de familias con nivel socioeconómico bajo se encuentran sumidas en jornadas de trabajo muy amplias y pocos o nulos días de descanso, motivo por el cual pocas veces pueden asistir a reuniones de orientación escolar que convocan los maestros, llamados por parte de las instituciones escolares para dar seguimiento a la mejora de la calidad educativa u otras actividades recreativas y/o culturales fuera de la escuela (que propicien el intercambio de emociones, conocimientos, saberes y valores) como por ejemplo: visitas a museos, zoológicos, acuario, parques, cine, obras de teatro, bibliotecas, entre otros, que fomenten la curiosidad, interés por aprender y nuevas enseñanzas que contribuyen al desarrollo integral, autónomo, feliz y útil del niño (a) para su crecimiento personal y social.

El nivel de preparación académica de los padres de familia juega un papel fundamental en cuanto al apoyo y trato adecuado que les brindan a sus hijos, así como a la correcta interpretación que le dan a las recomendaciones que la maestra u otros profesionales especialistas les proporcionan para atañer dificultades en el aprendizaje u otros problemas que presenten sus hijos.

Al vivir dentro de familias numerosas el grado de atención individualizada hacia ellos disminuye, factor que impacta de dos formas:

- Positiva: al hacerlos más autónomos.

- Negativa: al no poder vigilar de manera precisa lo que hacen a cada momento, conductas, estados de ánimo, gustos, conocimientos, entre otros.

ACCIÓN DOCENTE.

El plan de acción que propongo para la situación expuesta es realizar desde el comienzo del Ciclo Escolar una calendarización que sea presentada al inicio a cada uno de los padres de familia y además se les otorgue de manera individual dicho calendario para que anticipadamente se organicen y prioricen las salidas que puedan hacer para asistir a las actividades planeadas.

Proponer una agenda de atención a padres de familia disponible en horario que no interfiera con las actividades en atención de los alumnos, misma que se ocupará para dudas, orientaciones, sugerencias, canalizaciones u otra inquietud en cuanto al apoyo académico de sus hijos.

Dar con días de anticipación las tareas de la semana para que los padres tengan tiempo suficiente para apoyar a sus hijos (as) en la realización de las mismas.

Realizar un grupo virtual de comunicación asíncrona para mantenernos informados tanto padres como maestra acerca de situaciones que beneficien o afecten el aprendizaje y la calidad educativa de los alumnos (as) del grupo, en donde se puedan resolver dudas cuando no puedan asistir de manera presencial a la institución, donde se publiquen sugerencias, avisos o anuncios meramente profesionales para atender a los niños (as).

COMENTARIOS FINALES.

Más allá de nuestras fronteras sociales, la situación que vivimos hoy en día es muy crítica en cuanto a la desatención familiar referente a prácticas básicas para el cuidado oportuno de nuestros infantes.

La necesidad de generar acciones que permitan retomar la práctica de valores básicos y esenciales para la convivencia, socialización y herencia humana que se desprende del ejemplo y modelo explicito que se da de generación en generación, y que hoy ha sido trastocada por la vida tan rápida desencadenada de la globalización, demanda de nuestra parte, un compromiso adicional en el contexto de nuestros respectivos ámbitos de acción.

Sin olvidar que la familia es la primera institución que ejerce influencia en el niño, ya que es quien transmite valores, costumbres y creencias por medio de la convivencia diaria. Asimismo, es la primera institución educativa y socializadora del niño, pues desde que nace comienza a vivir la influencia formativa del ambiente familiar.

En México, en comparación con otros países, existen pocos estudios e información sobre la participación de los padres en las actividades escolares de sus hijos. Como lo menciona Guevara (1996), "la investigación educativa sobre educación familiar —y, por consecuencia, del tema subordinado relaciones familia-escuela— es en México muy deficiente. Se trata de un campo de estudio no del todo construido, sobre el cual poseemos una información reducida y dispersa" (p. 8). Por esta razón los padres y maestros desconocen las ventajas de la participación de los padres en la educación de sus hijos.

Por ello, convoco a afrontar con estrategias simples pero realmente contundentes (como lo es la comunicación efectiva), uno de los grandes retos del sistema educativo y del sistema social mexicano y retomar la vinculación de la escuela con la familia, con la comunidad y la sociedad que la rodea, así como el entorno en general, para promover mejores condiciones para el futuro que estamos construyendo día a día, para nuestros niños, nuestro presente.

REFERENCIAS

BLACKFELNER, C., y RANALLO, B. (1998): "Raising Academic Achievement Through Parent Involvement" [Abstract]. ERIC_ NO: ED421273. Disponible en: http://ericir.syr.edu/plweb.

GUEVARA NIEBLA, G. (1996): "La relación familia-escuela", en Educación 2001, 9, pp. 6-13.

LEWIS, A. (1992): "Helping Young Urban Parents Educate Themselves and their Children" [Digests]. Disponible en: http:// www.ed.gov/databases/ERIC_Digests/ed355314.html.

MARJORIBANKS, K. (1994): "Family-School Relations", en International Journal of Educational Research, 21 (5), pp. 441-446.

SECRETARÍA DE EDUCACIÓN DEL GOBIERNO DE SAN LUIS POTOSÍ, (2011) Guía para desarrollar Talleres de Orientación con Padres y Madres de Familia.

VALLADARES (2010) Univisión, La importancia del interés de los padres en los hijos.

EVALUACIÓN DIAGNÓSTICA DEL DESEMPEÑO DE LOS PARTICIPANTES

Sobre los participantes:

1. Dentro de la Práctica del Curso su dinamismo fue participativo, pues los treinta y dos maestros participantes, trabajaron con la intención de mejorar sus propias prácticas en el transcurso del curso-taller.

2. En el marco del diseño instruccional por medio de una educación a distancia, fue llevado un aprendizaje en un espiral de ciclos de planificación de actividades en acciones, observaciones y reflexiones que van dando seguimiento a su propia investigación acción dentro del aula.

3. Los participantes muestran actitudes colaborativas pues se realiza en grupo por los maestros-alumnos implicados. Es decir el espacio de foros fue un recurso tecnológico en donde se resolvían inquietudes y dudas no solo en horas hábiles sino que se mostró una motivación por utilizar este tipo de herramienta digital como medio para mejorar en sus investigaciones.

4. En un principio del curso, se mostró resistencia al acceso a la plataforma tecnológica, sin embargo una vez dada la instrucción práctica de entrada al mismo, el resto del trabajo se produjo cada vez mejor, fortaleciéndose el deseo de desarrollar la investigación.

5. Una gran mayoría de los participantes, excepto tres o cinco casos, entendieron el proceso, desde el inicio del curso, construyendo ideas claras y concisas que se

evidencian en el resultado del avance de investigación entregado cada semana.

6. Así como, la gran mayoría desarrolló un avance significativo en su investigación, ya que el documento era enviado al instructor antes de la fecha límite, lo anterior, para que se le señalaran las fortalezas o debilidades que llegase a tener en la construcción de su investigación.

7. Otros pocos, en lo general, no publicaban sus avances hasta observar en la plataforma los resultados de sus compañeros.

8. En algunos casos, es decir la minoría, no presentaban el informe o trabajo a concluir de la semana, sino que se reportaban con la integración de los trabajos atrasados en un mismo tiempo, mismos que eran evaluados y tomados en cuenta para su calificación final.

9. Los trabajos participantes presentan una representación y comprensión clara y sencilla en la redacción. Sin embargo se aprecian numerosos errores de ortografía.

10. En el seguimiento del trabajo de campo de cada maestro-alumno, se aprecia el resultado de la dedicación y el esfuerzo, demostrado en su metodología de investigación.

11. En la etapa de la Revisión Teórica se aprecia una buena exploración y selección en internet de fuentes arbitradas, tales como artículos, tesis y exposiciones vinculados con sus propios temas de interés, para contrastar ideas, métodos y resultados. A pesar de este empeño se aprecia en algunos trabajos falta de claridad y precisión en la conexión de las ideas conceptuales.

12. En cuanto a las conclusiones, fue necesario repetir las instrucciones, pues de alguna manera se extendían demasiado en su discurso cuando se concluía, o simplemente el participante no concluía, dejando el espacio en blanco en el reporte del informe final.

13. En vista de lo anterior, es necesario para una nueva capacitación docente, que se impartan nuevos cursos de Metodología de la Investigación o cursos prácticos para Citar y Referenciar en estilo Apa, así como nuevos cursos de Redacción General, Redacción de Artículos científicos, Ortografía y Búsqueda avanzada; se sugieren cursos de capacitación en Búsqueda de Bases de Datos que proporciona documentación científica y arbitrada.

14. Finalmente, los participantes se mostraron satisfechos de que la Institución pudiera extenderles un Diploma de participación y de que el curso hubiese servido como ejercicio de preparación para las evaluaciones docentes que periódicamente aplica la Secretaría de Educación Pública.

Sobre los temas de investigación:

1. En su gran porcentaje, los informes de investigación que se recibieron, nos hablan de que en su mayoría, los conflictos que se presentan en las aulas, están vinculados a problemas que los padres e hijos tienen en el contexto social y familiar.

2. Después, en menor porcentaje, los informes nos remiten a otro de los grandes temas por resolver, que sigue siendo para los maestros una preocupación constante: Las estrategias para la Enseñanza-Aprendizaje en el aula.

Sobre el diagnóstico final:

1. Los resultados obtenidos, en general y de acuerdo a la muestra tomada, pueden considerase como aceptables, en curso de mejoramiento.

EL CUERPO ACADÉMICO

- Dra. Rosa Gabriela Leal Reyes, es Doctora en Economía y Ciencias Sociales por la Universidad Autónoma de Tamaulipas y la Universidad de la Coruña, España. Docente investigadora de la Unidad Académica Multidisciplinaria de Ciencias, Educación y Humanidades de la UAT y Líder del Cuerpo Académico Sociedad y Transporte.

- Mtra. Rosa María Rodríguez Limón, es Maestra en Educación Superior por la Universidad Autónoma de Tamaulipas. Docente investigadora, Especialista en inglés e Integrante del Cuerpo Académico Sociedad y Transporte de la Unidad Académica Multidisciplinaria de Ciencias Educación y Humanidades de la UAT.

- Mtra. María Hilda Sámano García, es Maestra en Sistemas de Información y cursa el Doctorado en Ciencias Sociales en El Colegio de Tamaulipas. Docente investigadora y Colaboradora del Cuerpo Académico Sociedad y Transporte de la Unidad Académica Multidisciplinaria de Ciencias Educación y Humanidades de la Universidad Autónoma de Tamaulipas.

- Dra. Verónica Judith Navarro Leal, es Doctora en Educación por la Universidad Autónoma de Tamaulipas y la Universidad del Norte de Tamaulipas. Docente investigadora de la Unidad Académica Multidisciplinaria de Ciencias Educación y Humanidades de la UAT y Colaboradora del Cuerpo Académico Sociedad y Transporte.

- Dr. Ramiro Navarro López, es Doctor en Economía y Ciencias Sociales por la Universidad Autónoma de Tamaulipas y la Universidad de la Coruña, España. Docente investigador de la Unidad Académica Multidisciplinaria de Ciencias Educación y Humanidades de la UAT y Colaborador del Cuerpo Académico Sociedad y Transporte.